KB002973

노후
역전

행복한 미래를 위한 시니어 인생 설계서

노후 역전

초판 1쇄 인쇄일 2024년 4월 10일
초판 1쇄 발행일 2024년 4월 20일

지은이 이종욱
펴낸이 양옥매
디자인 송다희 표지혜
교   정 조준경
마케팅 송용호

펴낸곳 도서출판 책과나무
출판등록 제2012-000376
주소 서울특별시 마포구 방울내로 79 이노빌딩 302호
대표전화 02.372.1537   **팩스** 02.372.1538
이메일 booknamu2007@naver.com
홈페이지 www.booknamu.com
ISBN 979-11-6752-464-5 (03300)

* 저작권법에 의해 보호를 받는 저작물이므로 저자와 출판사의 동의 없이
  내용의 일부를 인용하거나 발췌하는 것을 금합니다.
* 파손된 책은 구입처에서 교환해 드립니다.

행복한 미래를 위한 시니어 인생 설계서

노후
혁전

이종욱 · 지음

Life for Seniors

책과나무

★★★

"저자의 책 출간을 축하하며, 이 책은 우리 인생에 있어서 건강과 열정이 충만한 노후 생활 이전은 물론, 죽음의 순간까지도 두려워하지 않을 현명한 조언들을 담고 있다. 그것은 자기 자신은 물론, 자연과 우리 주변 사람들에 대한 사랑으로 구축된 기초를 토대로 한 준비성이다. 저자는 '겸허함으로 인생을 관조하라'고 설파한다. 동일한 맥락에서 겸허함은 자신에 대한 열등감을 의미하는 것이 아니라 오히려 우리 주변인 모두와의 유대감을 중시하는 것이다.

또한 우리가 살고 있는 물리적 공간인 주변 경관, 강과 산들을 응시함으로써 미(美)를 함양할 수 있는 삶을 깨우치자는 것이다. 이것은 바로 우리 영혼을 위한 양식이다. 저자는 그의 저서에서 '한 그루의 나무를 심음'으로써 다양한 수많은 일들을 할 수 있다고 제안한다.

저자는 각 부로 나누어 건강하고 조화로운 노후 생을 영위하기 위해 준비해야 할 조건으로서 실천 방식을 잘 정제하여 매우 명백하게 제시한다. 나는 진정 이 책을 독자들에게 구독하도록 추천한다."

_ Maria De Luis(Poet, Spain)

I celebrate Jong Uk Lee's book, in which he provides some wise advice before living an old age full of health and enthusiasm for life. Including not fearing the moment of death. It is a preparation based on foundations consolidated by love for oneself, for nature, and for the people around us. As the same author says: 'Let us look at life with humility.' In this sense, humility does not mean feeling inferior, but rather a feeling of union with everyone around you.

Being aware of the life that inhabits us, of the physical space, cultivating beauty by looking at a landscape, a river, a mountain⋯⋯. This is food for the spirit. He suggests in his book, planting a tree, you can do so many things⋯⋯.

In the sections that the book is divided into, he has very expressly referred to, well-defined, the ways in which conditions must be prepared that favor a healthy and harmonious old age. I sincerely recommend reading this book.

She was born in Calatayud(Zaragoza), Spain, in 1955. She has been writing so many poems with enthusiasm so far: Ballad of Orpheus(1995), The Song of the Lark(2002), Water Fingers(2003), The Flight of the Butterflies (2005), Autumn Wind (2009), 89 Zen Haikus (2011). Translation from Catalan to Spanish of Màrius Torres,

POESÍAS(2009). Translation from Catalan to Spanish of JoanVinyoli's anthology, Now that it's late(2012). Translation from Catalan to Spanish, Capital Anthology of Autumn 1985-2010, by Valentí Puig, in 2010. Translation from Catalan to Spanish, anthology by Miquel Arimany, Still the Sea(2020). Sand Clouds(2023).

★★★

"저자는 이 책을 통해 독자에게 면면히 흐르는 진정성과 더불어 애정을 담고 있으며 노후 생에 대하여 자긍심을 고취시켜 준다. 특히 저자는 부모의 노환을 통하여 겪었던 많은 체험을 토대로 노후 대책에 대한 실천적 방안을 제안한다. 이러한 제안은 인생의 해 질 녘을 향해 가는 데 분명히 행복한 지침이 될 것이라 확신한다.

이제 팔순이 넘어 인생의 질곡을 겪을 만큼 경험했지만, 저자가 강조하는 '삶의 목표 의식과 죽음의 준비'라는 화두는 우리 모두에게 시사하는 바가 크다. 모든 세대가 공유해야 할 노후 삶을 돌아보고 행복한 인생의 종점을 향해서 항해하는 데 좋은 기회가 되는 책이라고 생각된다."

_ 백방선(한남대학교 명예교수, 경영학박사, 81세)

★★★

"5060 세대는 부모를 부양하는 마지막 세대이자, 자식으로부터 부양을 기대할 수 없는 첫 세대라는 말을 심심찮게 듣는다. 이제 자녀들은 부모를 시간적·경제적으로 돌볼 능력이 거의 없고 그럴 의향도 없다. 자식에게 손을 벌리면 못난 부모라는 말을 듣기 십상이다. 누구를 탓하거나 비관할 필요는 없다. 핵개인화의 시대로 흘러가는 것을 막을 수 없다. 가장 중요한 순간에 자신을 붙잡아 줄 사람은 결국 자기 자신일 수밖에 없다. 바야흐로 셀프 부양의 시대가 도래했다.

그렇다고 비관할 필요는 없다. 이제부터라도 노후를 잘 준비하면 된다. 나는 인생 전반을 계획적으로 살았다면 인생 후반은 습관적으로 살아야 한다고 생각한다. 저자도 내 생각과 일치한다. 노후 행복의 조건은 준비된 습관이라고 저자는 강조한다. 저자의 전작 『노후 맑음』이 노후 준비를 위한 전략을 제시했다면, 이 책 『노후 행복의 조건』은 실제에서 바로 활용할 수 있는 구체적 전술을 제공한다. 노후에 대한 인식 전환, 건강, 벌이와 쓰기, 배움과 투자, 취미, 관계, 유산, 죽음 준비 등이 그것이다. 독자 스스로 자기만의 습관화를 통해 노후 대책을 마련할 수 있다고 저자는 강조한다.

저자는 부모를 10년 가까이 부양하면서 온갖 힘든 시간을 보내고 3년 전에 퇴직했다. 노부모 부양 경험을 바탕으로 그는 자신의 노후를 준비하면서 현재를 잘 살아가고 있다. 그의 모습을 지켜보면 노년은 늙어 가는 것이 아니라 좋은 포도주처럼 익어 가는 것이라는 생각을 하게 된다. 퇴직 전후에 그는 국궁이라는 취미를 갖게 되었고 명궁사의 반열에 올라섰다. 뒷방노인이 되지 않고 자신의 노후 준비에 대한 과녁을 정확하게 맞히고 싶은 분들에게 이 책을 힘껏 권한다.”

_ 오병곤(터닝포인트 경영연구소 대표, 『회사를 떠나기 3년 전』 저자, 58세)

★★★

“평생 공직에 재직하다 퇴직 후, 재취업으로 인생 2막을 열어 가는 당사자로서, 저자의 고뇌와 경험 등은 마치 나 자신의 과거를 돌이켜 본 듯했다. 더구나, 저자는 독자에 대한 노후 생의 실질적 실천을 위해 ‘자기 탐구를 통한 노후설계안’과 ‘엔딩 노트’ 등을 제시하면서 우리 모두의 행복한 노후를 바라는 배려가 책 속에 가득하다. 나 자신의 노후를 재차 점검하는 계기가 되었으며, 서슴없이 이웃에게 권하겠다.”

_ 임정빈(전 농림축산식품부 대변인, 60세)

★★★

“순탄하지 않았던 인생의 소용돌이를 헤쳐 나왔지만, 나를 기다리고 있는 것은 노후의 삶이었다. 어떻게 준비해야 할지 고민하던 시기에 이 책을 보게 되었고, 저자는 마치 우리 생활을 투명하게 꿰뚫어 보는 것 같았다. 그의 경험과 사례는 누구나 겪을 수 있는 우리의 이야기이기 때문이다.

저자는 노후에 직면할 다양한 주제를 진솔하게 말하고 대안까지 제시한다. 50대가 되어서 계속해서 떠올랐던 '행복한 노후를 위해 나는 어떤 준비를 할 것인가?'라는 물음에 대한 해답을 얻을 수 있었다. 낭비와 후회 없이 살아온 당신에게 이 책은 뿌연 안개 같았던 노후를 진정한 나의 시간으로 만들어 가게 할 것이다."

_ 한승욱(아워홈 중국법인장, 『멈춤의 재발견』 저자, 51세)

★★★

"누구나 겪고 지나가야 할 노후 문제에 대해 저자는 용기를 내어 우리에게 꼭 필요한 메시지를 전한다. 책 전반에 흐르는 화두와 그가 제시하는 실천 방안은 우리에게 매우 친근하면서도 놓치기 쉬운 부분들을 예리하게 도출하여 재확인시킨다. 바로 책을 읽음과 동시에 자신감을 함양시키고 실천력을 도모하는 좋은 책이다."

_ 이시형(소설 『편리한 진실』 작가, 51세)

★★★

"현재 대학 교수로 인생 2막을 열어 가는 상황이지만, 머지않아 본격적인 노후 생활로 접어들 시점에서 저자의 솔직담백한 메시지는 매우 시의적절하다. 특히 저자가 강조하는 '취미와 관계가 우리 생의 동반자'라는 화두는 우리 세대의 노후 생에 반드시 고려하고 실천해야 할 덕목으로 마음에 와 닿는다. 주변 친지에게 추천하고 싶다."

_ 양해수(서경대 군사학과 교수, 59세)

★★★

"저자의 체험에 기반한 노후 삶에 대한 대책은 우리가 무심결에 넘기는 생각과 습관의 저력을 깨우치게 한다. '인식의 전환'에서부터 '건강과 자산 관리'와 '생의 의미와 죽음 준비'에 이르는 메시지가 바로 그것이다. 그는 다양한 경험 사례를 철학적 메시지와 녹여 내어 친절하고 다정하게 독자들을 이끌고 계도하는 힘이 있다. 저자의 진솔한 배려가 담긴 노후 생의 대책 방안은 분명 우리 모두에게 용기를 배가시키며 실질적인 도움이 될 것으로 믿어 의심치 않는다."

_ 이충관(문예마을 고문, 67세)

★★★

"어쩌면 직업상 대본 속에서 주로 남의 인생을 살아왔는지도 모른다. 그 덕분에 다양한 삶에 대한 간접 체험이 나 자신의 삶에 도움이 된 적도 많았으나, 진정한 자신의 삶과 노후에 대한 통찰은 미흡했던 것 같다. 저자가 설파하는 총체적인 노후에 대한 화두는 나에게 신선한 충격을 줌과 동시에, 향후 좀 더 알차고 치밀한 노후 설계를 통한 실천의 중요성을 재인식하는 계기가 되었다. 주변 동료들과 친지들에게 꼭 권하고 싶은 책이다."

_ 박상면(배우, 56세)

★★★

"자연과 밀접한 농업 분야에서 평생을 지내 온 사람으로서, 저자가 설파하는 자연과의 교감을 통한 노후 생의 관리 측면은 매우 설득력이 있다. 또한 현재 삶에 대한 만족과 긍정적 사고를 비롯하여 '유산'에 대한 가치를 새삼 재해석하게 되는 계기가 되었다. 막연한 삶과 노후에 대해 희망과 위로를 주는 저자의 책을 주변 친구들에게 권하고 싶다."

_ 노윤희(한국농수산식품유통공사 광주전남지역본부장, 59세)

★★★

"나 또한 미래의 노후에 대해 막연함과 더불어 불안감에 휩싸인 적이 있다. 이 책을 읽어 내려가는 순간, 나 자신을 돌아보게 되며 자신 스스로 노후를 책임져야 한다는 저자의 주장에 매우 공감이 간다. 저자는 노후 생의 화두를 조목조목 빠트리지 않고 사례와 더불어 해결책을 명쾌하게 제시함으로써 자신을 포함하여 독자들에게 용기와 실천력을 배가시킬 것이다."

_ 최응호(대상㈜ 기흥공장장, 54세)

★★★

"매일 직장에서 접하는 노년기 어르신들의 모습은 나를 비롯하여 우리 모두가 겪어야 할 삶의 과정이다. 저자는 이 책을 통하여 요양 관계자들에게 위로와 격려를 아끼지 않으면서, 삶의 의미를 깨우치고 주도적으로 노후를 계획하며 미리 죽음의 준비도 마련할 것을 통찰력 있게 설파한다. 진정 준비된 노후를 위한 실천적 지침서로서 주변인에게 일독을 권한다."

_ 유명연(이엘요양원장, 47세)

★★★

"노후에 도시 근교에서 전원생활을 하면서 자연과 교감을 통해 인생 2막을 관조하면서 살고 있다. 이 책을 통하여 저자는 노후 생은 물론 우리 인생사의 핵심적 요소를 도출하여 우리에게 삶의 의미와 행복을 희구하고 실천하도록 성의껏 마련한 마음의 선물을 주는 듯하다. 그의 진정한 마음이 녹아든 이 책이 우리 모두의 노후 생에 큰 도움이 될 것이다."

_ 고용호(광주학생독립운동기념역사관장, 65세)

★★★

"저자는 요즘 대중들이 갈구하는 자산 증식 위주의 노후 생에 대한 통론에 일침을 가하면서도 자신의 경험과 예지력을 토대로 진정한 노후의 행복을 위한 실천 사항들을 설득력 있게 제시한다. 이 책은 마음의 눈을 되찾는 계기를 제공하며 스스로 노후 진로를 재탐색하고 평안을 유도하는 좋은 내용을 담고 있다."

_ 고명선(논산 우리성모안과 원장, 55세)

★★★

"비록 현재 직장에 종사하고 있지만, 나 역시 마음 한구석에는 노후 생활에 대한 뚜렷한 대책을 강구하지 못하고 있었다. 하지만 이 책을 접한 순간, 노후 대책을 사실상 우리 자신에게서 찾을 수 있다는 확신이 서게 되었다. 저자는 더 나아가 '생의 의미와 유산, 그리고 죽음'에 이르기까지 낱낱이 우리의 고민을 해소하게 하는 대안을 제시한다. 진정 친구들에게 소개할 만한 가치가 있는 책이다."

_ 정종근(한국 연구재단 연구위원, 53세)

★★★

"이 책은 노후를 앞둔 세대뿐 아니라 젊은 세대들도 읽을 가치가 있는 유익한 내용들을 담고 있다. 개인적으로 퇴직을 몇 년 앞두고 건강검진 시 암 발병의 사실을 직면한 순간, 진정 죽음의 문턱에 들어선 느낌을 받은 경험이 있다. 다행히 이제는 회복 중이지만, 이러한 경험을 통해 평온한 삶에 대한 가치와 감사를 터득하게 되었으며, 건강과 평범한 삶의 중요성을 누구보다도 절실하게 체감하게 되었다. 이런 관점에서 저자가 이 책을 통해 인생 전반에 걸쳐 전하는 메시지는 우리 모두에게 유익한 감동을 주며 삶에 대한 혜안과 실천력을 제고할 것으로 믿는다."

_ 유호식(한국원자력통제기술원 전문위원, 59세)

★★★

"엊그제까지만 해도 노후 문제는 부모님의 몫으로만 생각했지만, 어느새 나 자신의 문제로 엄습해 옴을 실감하는 나날이다. 아직도 마음은 젊지만 젊지만은 않은 우리 세대에게 저자는 미리 '노후 숙제'의 의미로 넌지시, 때로는 강력하게 설파한다. 저자가 실천 사례로 든 '자가 진단'과 '엔딩 노트'는 우리에게 신선한 노후 선물이 될 것이며, 이는 매우 안도감과 자긍심을 안겨준다. 주변인들에게 이 책을 꼭 권할 것이다."

_ 이영미(그래픽디자이너, 57세)

★★★

"아직 노후를 생각하거나 준비해야 할 나이가 아닌 사회생활 초년생이지만, 이 책은 나의 부모님을 비롯하여 나 자신에게도 꼭 필요한 책이다. 인생 선배로서 저자가 주장하고 강조하는 면모는 노후에 대한 '유비무환'의 자세를 시사하는 듯하다. 초고령화 시대가 임박한 시점에서 부모님의 노후 문제가 우리 젊은 세대와 직결된다는 저자의 문구가 새삼 피부에 와 닿는다. 그 외에도 삶의 철학과 담론이 담긴 저자의 책은 젊은 세대에게도 꼭 권하고 싶다."

_ 양은비(양강중학교 교사, 31세)

★★★

"초고령화 사회로 접어들고 있는 우리나라의 현시점에서 안정적인 노후의 삶을 준비하지 못한 부모 세대들과 그 가족들이 겪는 여러 문제들을 근무 현장에서 직접 경험하고 고민이 많던 중에 이 책을 접하게 되어 무척 다행스럽고, 마음에 와 닿는 내용들로 많은 공감을 할 수 있었다. 노후를 준비하기 위해 마음가짐이나 습관을 개선하고 '엔딩 노트'를 준비하라는 작가의 메시지는 노후의 삶을 불안하고 막막하게만 생각했던 나에게 위로와 자신감을 제공해 주었다."

_ 김선미(한남요양병원 간호사, 54세)

★★★

"50대에 들어서면서 간혹 삶에 대한 의미를 되뇐 적이 있었다. 노후가 멀지 않은 우리 세대에게 삶에 대한 적극성과 실천력을 강조하는 저자는 자신의 체험과 통찰력을 통하여 친근하게 노후 생활의 지침을 제안한다. 이 책을 통하여 인생의 의미와 삶의 가치를 재인식하게 되어 무척 다행스럽다. 주변인들에게 일독을 권하고 싶다."

_ 장민(주부, 54세)

★★★

"매일 몸이 불편한 대중을 대상으로 일을 하다 보니 나름 보람도 있지만, 자신의 노후에 대해서는 구체적인 대안을 설계하지 못하였다. 노년기의 손님들을 접할 때는 나 역시 노후 건강이 중요함을 깨달은 적이 많았다. 저자는 건강을 비롯하여 우리 인생의 전반적인 면모를 아울러서 다정하면서도 힘차게 노후 실천 방안들을 제시한다. 매우 유익한 책이다."

_임성수(대전 문화푸른약국 약사, 48세)

우리의 노후가 행복하려면

어느 날 복병처럼 다가온 노후! 우리는 과거를 반추할 겨를도 없이 기나긴 노후 생활이 현실로 다가왔음에 자못 놀라게 된다. 마치 초등학교 여름방학이 끝날 무렵 차일피일 미뤄 왔던 방학 숙제를 해치워야 하듯 말이다. 하지만 노후의 미래를 아무리 고민하고 구상을 해 봐도 막막하기만 하다. 막상 실천에 옮기려면 자신에 대한 무력감과 걷잡을 수 없는 불안감이 엄습하기도 한다. 직장인은 직장인대로, 개인 사업이나 자영업을 하는 이들도 마찬가지다. 그러곤 불확실한 미래와 더불어 늙어 버린 자신의 모습에 또다시 의기소침해진다.

요즘 시중에 쏟아져 나오는 노후 대책 관련 서적들을 읽어 봐도 막상 자신의 상황에 접목하여 실천하려면 쉽질 않다. 왠지 남의 옷을 걸친 것처럼 편치 않고 자신감마저 실추되기 십상이다. '뭔가 획기적인 처방은 없는 걸까? 금융계의 재무 설계 전문가를 찾아가 볼까? 아직은 건강하지만 노후 생을 위해 미리 정밀 종합검진도 받아 봐야 되지 않을까? 아니면, 현재 노후 생활을 꾸려 가는 동문 선배님을 만나 상의해 볼까?' 등의 고민으로 밤잠을 설치는 경우도 허다할 것이다.

왜일까? 다가올 불확실한 미래에 대한 불안감 때문이다. 머릿속에서만 해결하려는 우리의 습성이자, 관성에 익숙해서이다. 이는 우리 각자가 노후 생에 대한 준비 부족과 더불어 명확한 목표 의식의 결여로 초래된 상황임을 믿어 의심치 않는다.

다비드 구트만은 그의 저서 『나는 별일 없이 늙고 싶다』의 서문에서 다음과 같이 주장한다.

"한 사람이 '실존적 공허(existential vacuum)' 안에서 산다면, 그가 인생의 의미를 찾도록 반드시 도와주어야 한다. 실존적 공허란 분명한 목적이 없는 인생을 뜻한다. 분명한 목적이 있어야 인생에 의미가 생긴다. 목적이 있는 인생은 모든 사람이 관심을 가져야 할 목표다. 오늘의 젊은이도 내일은 늙은이가 되며, 지금 노인 세대를 무겁게 짓누르는 질문들에 부딪힐 것이기 때문이다."

이 책에서 나는 노후를 직면하고 대비하는 독자들에게 '실존적 공허'나 철학적 메시지를 다루려는 취지는 결코 아니다. 다만, 우리 인생 여정에서—젊은 세대를 포함하여— 특히 행복한 노후 생을 영위하기 위해서는 삶의 의미를 찾고 생의 목적을 지렛대 삼아 목표 의식을 가져야 함을 강조하는 것이다.

주변을 둘러보자. 직장이나 생업에 종사하다가 퇴직을 맞이하는 사람들을. 대부분 두 가지 부류로 나뉜다. 뭔가 자신감을 갖고 자신의 생을 꾸려 나가는 사람이 있는가 하면, 하루하루를 구태의연한 습관과 생활 패턴으로 그럭저럭 살아가는 사람들이 있다. 지금 자신을 평가해 보자! '나는 전자인가? 아니면 후자인가?' 예상컨대, 대부분 후자에 속할 것이다(이건 개인적인 판단일 수 있지만).

1년 후, 2025년이면 우리나라는 65세 이상의 노인들이 전체 인구의 20%를 상회하는 초고령화 사회로 접어든다. 즉, 총인구수 5명 중 1명이 노인이다. 세계 최고의 인구 감소율을 보이는 우리나라는 젊은 생산인력의 감소에 따라 일자리와 먹거리가 상대적으로 줄어든다는 통계청의 통계가 우리를 암울하게 한다. 결론적으로 생활고로 힘든 젊은 세대가 복지 혜택의 부족은 물론, 노인 세대를 부양해야 하는 사회적 난제가 우리의 현실을 더욱 어둡게 하는 것이다. 이러한 노인 문제는 바로 젊은 세대들의 문제이자, 세대 간에 직접석인 영향을 미칠 수밖에 없다는 사실을 우리는 주지할 필요가 있다.

그렇다면, 향후 젊은 세대와 노인 세대가 상호 공존하며 행복한 삶을 살아가는 방법은 없는 것일까? 이는 바로 한 가족 내의 문제이자, 국가 차원의 시급한 사안이기 때문이다. 이러한 측면에서 직장 생활이나 생업에 종사하는 40대 이후 세대의 역할이 중요하다는 것이다.

사회생활에 적응한 덕에 경제적 기반을 나름 다지고 인생 선배인 노부모님을 부양하면서 차기 세대를 키워 가는 40대, 그리고 향후 막연한 노후를 고민하는 50·60대의 생각과 마음가짐이 중요한 시점이다. 바로 이들이 한 가족의 공동체를 초월하여 사회적 구심적 역할을 해야 한다고 나는 줄곧 생각해 왔다. 결국 개개인의 행복이 가족과 사회 공동체의 행복으로 직결된다고 믿기 때문이다.

최근에는 국내 고령인구의 증가 추세에 대비하여 정부 차원 및 지자체 차원의 복지 제도와 경제적 지원 정책을 지속적으로 추진 중이다. 하지만 이러한 거시적인 정책의 효과는 노령화되는 인구 추세를 따라잡기 어렵다. 더구나 개인별 실질적 지원엔 한계가 있음을 우리는 잘 알고 있다. 그렇기 때문에 우리에게는 기나긴 노후 생활에 대한 대비와 실천이 무엇보다도 절실해진 것이다. 이제는 불행히도 '셀프부양 시대('제3연령기'의 출현시대라고도 한다)'를 맞이하게 될 수밖에 없다.

이러한 관점에서 나는 이 책을 통하여 실현 가능하고 바람직한 노후 생의 실천 지침을 제시하고자 한다. 향후 보다 의미 있고 행복한 미래와 노후를 영위하기 위한 방안이다. 바로 자신의 삶을 주도적으로 살자는 취지이며, 이를 위한 실천 지침을 각자 설계하고 실행하기 위함이다. 이는 진정한 자신을 만나기 위한 탐구가 필요하며 자신감으로 무장해야 함을 전제로 한다. 이제는 '막연한 노후'를 '노후 역전'의 기회로 삼고자 함이다. 이를 위해서 우리가 생을 살아가는 데 절대 소홀히 할 수 없는 핵심 사안별 실천 사항으로서 '노후 행복의 조건'을 제안한다.

바로 인식 전환과 건강 관리, 금전 관계와 배움, 취미와 인간관계, 그리고 생의 의미와 죽음 준비를 포괄적으로 다룸으로써 노후 생에서 이를 습관화하고 실천하는 데 방점을 두었다. 그 이유는 기존의 노후 문제를 다루는 서적들은 대체로 금전 문제나 부동산 등 재테크 위주이거나 건강 및 취미 등을 중점적으로 조명한 나머지, 노후 생의 전반적인 밑그림을 그리는 데 한계가 있기 때문이다.

반면, 이 책은 노후 생을 다양하고 균형 있는 관점에서 바라보고 나의 체험과 주변인들의 사례 및 노인학 전문가와 철학자들의 견해들을 기반으로 하였다. 더구나 이 책의 핵심은 독자 스스로 자기만의 습관화를 통해 노후 대책을 실질적으로 강구할 수 있다는 점에서 차별성이 있다.

어느 누구도 간과할 수 없는 우리 생의 주축이자, 핵심 사안인 이 화두가 진정 독자들의 마음에 닿아 지속적인 실천과 더불어 행복한 삶이 영위되기를 기원한다.

2024년 초봄 문턱에서, 이종욱

[차례]

1부

건강은 노후생의 주춧돌

"당신이 더 나아지기 위해 노력해야 할 유일한 사람은 어제의 당신이다."

- 매티 멀린스

"당신을 좋게 말하지 말라. 그러면 당신은 신뢰할 수 없는 사람이 될 것이다. 또 당신을 나쁘게 말하지 말라. 그러면 당신은 당신이 말한 그대로 취급받을 것이다."

- 장자크 루소

1장

인식 전환

이렇게 닥칠 줄이야

2020년 12월 31일.

이날은 내 인생에서 커다란 변곡점을 알리는 날이다. 약 35년 간의 연구소 생활에 종지부를 찍고 퇴직하는 날이기 때문이다. 정말이지 격세지감을 느끼면서 만감이 교차하는 순간이었다. 전 직원들이 퇴임식 축하를 위해 참석한 자리였지만, 나 자신은 왜 그렇게 장기간의 직장 생활이 한순간처럼 느껴졌을까! 떠나는 입장에서 장문의 소감을 접고 직원들에 대한 짤막한 감사 인사를 진정성 있게 전하고 단상을 내려왔다.

나는 이렇게 빨리 퇴직과 더불어 노후를 맞이하게 될 줄 몰랐다. 불과 10여 년 전까지만 해도 퇴직 후의 노후 문제는 아직도 충분한 시간적 여유가 있다고 생각했었다. 마치 남의 일인 듯이. 하지만 그 시간도 잠시, 갑작스럽게 닥쳐온 고향에 계신 노부모님의 노환으로 50대 초반부터 뒷수발을 하고 보니 10년 남짓한 세월을 마치 송두리째 빼앗긴 기분이 들었다. 아마 지금도 노부모의 수발을 하고 있는 독자들은 공감할 것이다.

다행히도 40대부터 나름 구상해 온 노후 대책을 백안시하지 않아서 무척 다행이었다. 노부모님의 현재 모습이 바로 나 자신의 미래일 수 있다는 생각에 자신의 노후 문제가 무척 답답하였다. 이를 타개할 방법을 구체적으로 찾지 못했던 당시의 암울함에 괴롭기도 했었다. 노부모님에 대한 자식으로서의 의무감과 더불어 그분들의 호전 가능성이 보이지 않았던 현실은 나를 더욱 암담하게 하였다. 하지만 이 과정을 통해 나는 자신의 노후 대책을 백방으로 고민하고 탐색할 기회를 가진 것도 사실이다.

누구나 퇴직 즈음에 노후를 위해 고려하는 사항은 대체로 유사할 것이다. 퇴직금 활용 여부를 포함한 구직 문제, 자신의 건강, 소일거리 및 자녀 결혼과 노부모 봉양 등이 주류를 이룰 것이다. 나 역시 마찬가지였다. 현재까지 맞벌이를 아내와 해 오고 있으나 나 자신의 노후는 자신이 스스로 책임져야 한다는 원칙만큼은 변함이 없다. 아내와 노후를 동행한다 해도 상호 간 도움이 될 수는 있으나 그 역시 자신의 노후는 스스로 해결해야 하기 때문이다.

주변을 둘러보자. 우리가 피할 수 없는 노후의 여정에 대해 장담할 수 있는 사람은 거의 없을 것이다. 그러니, 우리는 막연한 불안감과 불확실한 미래에 대한 답답함을 호소하는 것이다. 그렇다면 '그러한 마음의 소용돌이 속에서 침체된 채 세월을 보낼 것인가?' 하고 자문해 볼 일이다. 누구든 결코 아닐 것이다.

　결국 우리가 바뀌어야 할 시간이 된 것이다. 고무적인 사례로서 퇴직자를 대상으로 한 설문 조사에 따르면, 퇴직자의 절반 이상이 새로운 일을 찾거나 구직할 의사가 분명함을 고용노동부와 통계청 조사 결과에서 볼 수 있다. 다만, 퇴직자 본인이 원하는 정규직이나 장기간의 계약직은 하늘의 별 따기만큼 어려운 게 현실이다. 게다가 일용직마저도 쉽지 않다는 게 사실이다.

　그렇다면, 그 나머지 퇴직자들은 노후를 어떻게 보낼까라는 의구심이 든다. 물론 각자의 성향과 노후 계획에 따라 실천하는 사람들도 꽤 많을 것이라 생각된다. 하지만 과연 그럴까? 내 주변의 친구들이나 지기 또는 선배님들의 근황을 바라보면, 대다수가 노후 문제를 '여생(餘生)'의 개념으로 생각하는 듯하다. 물론 반평생을 직장과 집을 오가면서 고생했으니, 노후에는 여생을 편히 보내겠다는 점에서는 결코 부정할 의도는 아니다. 어쩌면 당연할지도 모른다.

　하지만, 내 생각은 좀 다르다. 퇴직 후의 구직 여부를 떠나서 기나긴 노후 여정을 어떻게 영위할 것인가에 대한 실질적인 대책을 강구하는 것은 매우 중요하다. 최근에는 의료 기술의 발달과 복지 혜택의 증가로 최대 수명이 120~130세까지 살 수 있다는 의료계 전문가의 주장도 헛된 낭설로 들리지 않기 때문이다.

이와 더불어 KBS 제작팀은 『명견만리(明見萬里)』에서 영국의 사회철학자 피터 래슬릿이 예측한 현재 우리의 인생 단계와 그 대응책을 다음과 같이 강조하고 있다.

"현대 사회에 새로운 인생 단계가 출현할 것이다. 바로 '서드에이지(The third age: 제3연령기)'다. 이 새로운 시기는 유년기(제1연령기)와, 성인기 및 중간경력직 일자리로 구성된 '제2연령기'를 지나, 의존적인 노년기(제4연령기)로 진입하기 전 단계다. 대략 중간 경력직 및 자녀 양육의 의무가 끝나는 시기인 중년기 이후부터 80세까지다. (중략) 그렇다면 새로운 서드에이지를 가장 먼저 맞이할 세대는 누구일까. 우리나라에서는 베이비붐 세대인 지금의 5060 세대다. 곧 은퇴를 앞둔 이 세대들 대부분은 과거와 달리 자신에게 새롭게 주어질 긴 시간을 '휴식'이 아닌 '인생 2막'으로 설계해야 한다는 생각을 보편적으로 갖고 있다"

"앙코르 펠로십을 기획한 민간단체 앙코르닷오르그의 설

립자 겸 CEO인 마크 프리드먼은 은퇴한 시니어들의 장점을 활용할 의도로 인턴십 제도를 활용한 이후, 또 다른 사회적 기업을 창업시켜 '앙코르 커리어'라는 정의를 도입했다. 이는 인생 1막의 경험과 지혜를 살려 인생 2막을 제3섹터에서 펼치는 것을 뜻한다. 제3섹터란 공익 활동을 하는 자발적 시민단체를 말한다. 즉 정부의 영역(제1섹터)과 영리기업의 영역(제2섹터)외의 시민사회의 영역이다. (중략) 일정 금액의 소득을 유지하면서도 더 깊은 삶의 의미를 추구하며 사회적으로 기여할 수 있기 때문이다."

상기한 제3연령기의 출현과 더불어 제3섹터의 공익 활동은 현재 베이비부머에게는 무척 다행스런 움직임이자 바람직한 행동 철학이다. 하지만 여기에도 한계가 있다. 그들이 국내 전 인구의 천만 명에 육박한다는 것이다. 현재로선 이러한 활동도 녹록지 않는 현실이며, 정부 차원의 적극적인 경제적 지원과 사회적 합의가 전적으로 수반되어야 가능한 일이다.

우리나라도 베이비붐 세대의 은퇴에 대비한 법안으로 2012년에 제정된 '협동조합기본법'이 있다. 조합원 다섯 명만 모이면 협동조합을 설립할 수 있으며, 그들 가운데 한국의 제3섹터에서 인생 2막을 열정적으로 활동하는 사람들도 있다. 하지만 우리나라는 OECD 국가 중 GDP 대비 사회복지지출 비중이 세계에서 최하위권이며, 이를 정상 궤도로 올리기 위해서는 국가 차원의 법적·제도적 합의가 필요한 시점이다. 아직 숙성되지 않은 '빵'이라고 볼 수 있다.

　이와 더불어, 세계 최고의 경영사상가인 찰스 핸디는 오래전부터 향후 시대는 '포트폴리오 커리어('멀티 플레이어'와 동일 개념임)의 시대'가 될 수밖에 없다고 예측한 바 있다. 이는 두 가지 또는 그 이상의 영역에서 일을 하게 되며 여러 일을 동시에 할 수 있는 시대가 될 것임을 뜻한다. 그 이유는 하나의 직무만으로 평생 먹고살기가 힘들기 때문이다. 독자들은 그렇지 않아도 답답한데 더욱더 스트레스를 받게 될지도 모른다. 그럼에도 이러한 배경을 언급한 것은 그만큼 현재의 시대와 세태의 조류가 급변해 감을 상기시키기 위함이다.

　오랜 과거를 반추해 볼 때, 인류 역사상 산업혁명에 이어 컴퓨터와 디지털 기술의 혁신적 발전으로(최근에는 AI까지 득세한 세상이니) 지구상의 경제적 지각변동이 여러 번 일어났음은 아무도 부인할 수 없다. 그런데도 불구하고 과거의 선인들과 인류는 그러한 험난한 고비를 슬기롭게 대처하며 생존해 왔다는 사실이 우리에게 청신호를 알려 주는 교훈이기도 하다.

　나의 지론은 이렇다. 이와 같은 사회적·제도적 현실을 감안할 때, 이제는 노후 생을 대하는 마음가짐과 자세를 다잡아야 할 때라고 강조하는 것이다. 그동안 세상은 너무도 많이 변했다. 자세히 언급하지 않아도 피부로 느끼고 생활화된 지 오래다. 노후 생을 대하는 마음가짐과 자세를 다잡아야 하는 이유는, 엄청 편리해진 만큼 우리에게 불편한 부분 또한 많아졌기 때문이다. 더구나 이제는 젊은 세대들이나 성숙한 자녀들도 바쁜 세태 속에서 살고 있으며, 항상 우리 옆에서 거들 수 없기 때문이기도 하다. 또한 지난 과거를 반추하고 후회한들 무슨 소용이 있겠는가? 이제 우리는 새로운 시대와 세상을 만나게 된 것이다.

우리 베이버부머들은 대체로 사회적 혜택을 받지 못한 세대이기도 하다. 또한 민주화 운동이나 사회적 갈등 속에서 고충을 받기도 하였다. 하지만 이제는 베이버부머의 미래 향방이 바로 젊은 세대들에게도 영향을 미친다는 사실을 우리는 직시해야 하며, 그에 따른 사회적 · 도의적 의무감(?)도 도외시할 수 없는 입장이다.

이제 우리는 노후 생활 학교에 입학하는 '신세대 유치원생'이라는 것을 잊지 말자! 우리의 노후는 각자 우리 스스로 책임져야 하는 시대임을 인식하자.

세상사는 우리 의지대로 되지 않는다

지금도 아는 직장 동료나 주변의 지인들을 간혹 만나면 자주 회자되는 이야기들이 있다. 노후 미래를 지향하는 공통 화제인 연금이나 재테크 문제 등은 그래도 괜찮다. 하지만, 정치 사안이나 종교 문제를 들먹거리기 시작하면 끝도 없고 답도 없다. 게다가 술이라도 한 잔 들이켜게 되면 시국 토론장을 방불케 한다. 개인적 입장에선 맞는 말이기도 하고, 경우에 따라선 내 생각과 다른 경우도 많다. 더구나 놀라운 것은 절친한 친구도 노선(?)을 달리하는 경우도 보았다. 그때는 입을 꾹 다문다. 순간 다른 화젯거리로 분위기를 전환시키는 경우도 있다.

대학 시절, 젊은 한때 야학에도 잠시 발을 딛었고 그때에도 시국 토론을 밤새도록 불사한 적이 있었다. 그리고 제 풀에 모두 지쳐 하는 말인즉, '10년, 아니 20년 후에는 좀 바뀌겠지!' 하며 위안을 했었다. 이후 수많은 젊은이들의 희생과 더불어 격동기를 넘기면서 우리가 원했던 민주화 기반은 구축되었다. 그러나 40여 년이 지난 작금의 정치 현실은 긍정적인 측면도 있으나 솔직히 언급 자체를 하고 싶지 않은 현실임을 독자 대부분이 수긍하리라 믿는다.

물론, 한국 정치의 특수성이나 정치인들의 기본적 자질 문제 등이 우리를 실망시키기도 한다. 결국 이 사안은 우리 각자의 관심사이자, 정치인들을 비롯한 공동체 사회의 총체적 문제이기도 하다. 그만큼 쉽게 풀리지 않는 사안인 것이다. 다만, 면면히 흐르는 여론의 정확한 판단 기준으로 선거에서 명확한 권리 행사를 할 수밖에 없는 노릇이다.

　종교 문제 또한 그렇다. 상대가 믿는 종교는 그대로 존중해 주는 것이 좋을 것이다. 종교를 신봉하면서 처신이 올바르지 않다면 질타를 받겠지만. 오죽해서 친구 동기 모임이나 가족 모임 시 금기사항으로 칠거지악(七去之惡)이 아닌 삼거지악(三去之惡)을 정치와 종교, 가정사로 들지 않았던가! 이는 민감하면서도 이견이 있을 수밖에 없다는 것일 게다. 지속하면 상호 간 감정만 악화일로(惡化一路)로 치닫기 십상이다.
　이제 우리는 좀 더 넓고 높은 시야로 세상을 바라볼 때가 아닌가 싶다. 적어도 불혹인 나이 40이 지나면 세상을 바라보는 관(觀)은 쉽게 바뀌지 않는다. 나 자신이 바뀌지 않는 것처럼……. 그러한 이유로 상대의 가치관이나 통념을 나름 존중해 주고 사이좋게 살자는 취지다. 서로 각(角)을 세우다 보면 감정이 악화되어 인간관계마저 상실될 수 있기 때문이다.

　냉철하게 생각해 보자. 여태까지 살아오면서 자신의 의도와 뜻대로 성취된 사안이 얼마나 되는지. 아마 손에 꼽을 정도로

적을 것이다. 내가 낳은 자식도 마음대로 못한다는 말은 요즘에
는 하지도 않는다. 더불어 나 자신도 내 마음대로 안 되는 게 인
지상정이 아니던가! 하물며 서로 생각이 다르고 이해 상충 문제
들이 얽힌 정쟁이나 제도 등─올바른 정의 실현과 민주화까지는 말
할 필요도 없지만─은 하루아침에 바뀌지는 않는다. 따라서 그동
안 맺어 온 인연을 생각해서라도 잠시 들어 주고 흘려보내야 한
다. 지속적으로 입담을 과시하는 행위 자체도 적정한 선에서 삼
가야 할 미덕으로 나는 생각한다. 그렇지 않으면 정말이지 식상
하고 계속 만나는 게 부담을 주기 때문이다.

하지만, 이것만은 분명하게 언급하고 싶다. 세상만사를 관망
만 하자는 취지는 결코 아니다. 과거의 역사를 통해 앞서서 나
선 자들의 용기와 대의명분이 조국의 광복과 민주화를 성취한
것은 그야말로 역사적 의의가 크다. 오늘의 우리는 그 영광과
행복을 보장받고 있음에 숙연한 마음으로 그들에게 감사드려야
마땅하다. 하지만 현재의 오늘을 사는 우리 대부분은 국제 정세
나 국가 차원의 대의명분을 걸고 살아가진 않는다.

문득 오랜 대학 시절에 민주화 운동에 불을 지핀 큰 사건이 떠
오른다. 나 또한 베이비부머의 일원으로 고교 시절 당시 선배님
들의 민주화 운동을 목도했었다. 여러 명의 동창생들이 운동권
으로 몰린 나머지 명문대 입학 시 면접에서 탈락하는 고배를 마

시곤 했었다. 독재 정권과 서슬이 퍼런 신군부 정권의 등장에 따른 조치였던 것이다.

당시 고교 1학년 때 내 짝꿍이었던 K의 일이다. 그는 항상 침착하고 성적도 우수한 성실한 학생이었다. 사춘기 시절이었지만, 유독 나는 그에게 신뢰를 갖게 되었고 우정을 나눈 사이였다. 2년 후 나는 대학 진학에 실패하고 상경하여 종로 소재 J 학원에서 명문대 진학을 위해 와신상담(?), 재수 생활을 하던 때였다.

그해 여름 어느 날, 학원 수업을 마치고 우연히 명문대에 입학한 친구들과 술 한잔하게 되었다. 그때 충격적인 사실을 나는 듣고야 말았다. K가 '신군부 독재 타도'를 외치며 학내 도서관 옥상에서 투신자살했다는 비보였다. 아마도 독자 여러분들은 그의 이름까지도 기억할 수 있을 것으로 짐작된다.

"아니, 이럴 수가! 그토록 차분했던 친구가 이런 일을 감행하다니!"

명문대 입학한 지 채 1년도 되지 않았는데, 투신자살이라니. 도저히 믿기지 않았다. 그 시절의 데모는 매년 개학과 더불어 대부분의 대학생들이 민주화를 염원하는 용기와 투지를 불살랐던 터였다. 신군부 독재정권에 항거하는 민주적 자위권의 명분 있는 처사였다. 그 이전과 이후에도 수많은 학생들이 고문당하거나 최루탄을 맞아 캠퍼스를 피로 물들였던 시절이었으니.

한동안 멍하니 있다가 그의 성향을 잘 알고 있는 나로선 그의 죽음이 몹시 궁금했다. 곧이어 술좌석에 동석한 친구에게 자세한 내막을 듣게 되었다. 대학 입학 후 학업에 매진했던 K는 학내 주변의 학생들로부터 민주화 운동 대열에 적극 참여하지 않는다는 시선과 비난을 받아 왔다고 했다. 며칠 후 그는 민주화의 이름으로 투신했던 것이었다. 그는 결국 열사가 되었고 한국 정치사의 민주화에 기여는 했지만, 나는 지금도 그 사건이 마음속에 앙금처럼 남아 있다.

그는 당시 학점만을 따기 위해 운동권에 합류하지 않았을까? 친한 친구들과 동료 학생들이 최루탄에 맞아 쓰러지고 전투경찰의 몽둥이에 육신이 부서진 현장을 그는 외면했을까? 나는 '절대 아니다'라고 확신한다. 그도 불의에는 피가 끓는 청년이었고 세상을 바라보는 냉철한 머리와 나름 기다림의 철학을 지닌 소유자였다고 나는 믿는다.

하지만 그가 민주화라는 대의명분에 목숨을 걸게 됨에 지금도 가슴 아픈 사건으로 마음속에 자리 잡고 있다. 그의 부모님의 심경을 생각하면 참담할 수밖에 없었다. 당시 술좌석에 동석한 친구들을 비난할 생각은 추호도 없다. 하지만 그의 주변인들이 그를 좀 더 면밀히 관찰하고 진정한 대화를 나눴다면, 그는 아마도 이 세상을 위해 더욱더 큰일을 해낼 수도 있었을 거란 아쉬움이 남는다.

과거의 친구 K의 사례를 든 이유는 세상사가 우리 생각과 의지대로만 쉽게 되지 않는다는 점을 말하고 싶어서다. 온 국민이 염원하고 대의명분으로 삼았던 민주화 사회마저도……. 생각해 볼 일이다. 우리 주변과 상황의 흐름이 마음에 들지 않고 설령 잘못된 길로 선회하고 있더라도 현실에 대한 잦은 불만 토로와 주변인들과의 마찰은 될 수 있는 한 피하자는 것이다.

이와 같은 처신은 우리가 살아가면서—특히 노후에는 더욱더—접하는 사람들과 세상사에 대해 더욱더 그렇다. 이는 방관(傍觀)이 아닌 진정한 정관(靜觀)의 자세로 우리의 소중한 삶을 영위하자는 의미로 귀결된다. 사물을 침착하게 바라보고 추이를 관찰하면서 본질적인 면을 찾아가는 자세를 말함이다. 허공을 향해 입담으로 내뱉기에 앞서 좀 더 자신의 삶에 충실하고 자신의 역할이 무엇인지를 고려하는 자세, 그리고 주변인을 배려하고 신뢰하는 너그러움이다. 나는 이런 사람들이 결국 이 사회와 지구촌을 이끌어 나간다고 믿어 의심치 않는다.

외모에도 신경 쓰라

매일같이 접하는 하루하루. 우리는 아침에 일어나 세면대 앞에서 거울 속 자신의 얼굴을 바라보게 된다. 세월이 흐를수록 자신의 외모에 만족하거나 자신감을 갖는 사람은 아마 드물 것이다. 언제인지도 모를 주름살과 흰 서리가 머리를 뒤덮고, 게다가 머리까지 빠진 자신의 모습에 못내 실망하기도 한다.

하지만 누구나 세월에는 장사가 없는 법! 세월의 순리에 따라 스스로 만들어진 각자의 모습은 두말할 나위 없이 자신이 만든 성과물(?)일 수밖에 없다. 아무리 보약과 건강 식단으로 보충한들 노화의 속도를 우리는 따라갈 수 없는 것이다. 남녀 간의 인지 정도가 다를 뿐 마음속 저변에서 울리는 한숨 소리와 세월의 덧없음을 한탄한들 위안 또한 되지도 않는다.

게다가 출근을 위해 외출복을 갈아입다 보면 어느새 아랫배는 불룩 튀어나와 내 얼굴을 쳐다보는 형국이라니……. 그다지 식탐도 없는데 웬 배만 나왔단 말인가! 출근길부터 자신의 몸골에 실망한 채 배를 끌고 지하철에 올라탄다. 옆에 선 승객의 배와 비교하는 내 꼴이란! 은근한 스트레스다. 의욕부터 그야말로 '꽝'이다. 출근길에 머리부터 무거워진다. 바로 우리들의 이야기이다.

물론, 개인에 따라서 아닐 수도 있을 것이다. 아직도 준수한 용모와 미모를 지니고 있다면 천만다행이지만 그렇다고 얼마나 지속될까? 그럼에도 우리는 오랫동안 심혈을 기울여 스스로 제작한(?) 자신의 외모에 감사해야 한다. 나이 들어 지병이 없다면 천복이며 좋은 DNA를 물려받은 부모님께 진정 감사할 일이다. 혹, 당뇨나 혈압으로 생명에 위협을 받을 정도가 아니고 제 발로 병원 치료를 받을 정도의 건강 상태라면 그것 또한 고마울 일 아닐까? 알고 보면 사지 멀쩡하게 부모로부터 태어난 자체도 축복받은 게 아닐까 싶다.

나를 비롯해 인간의 속성상 남과 비교하기 일쑤고 나만 못나고 부족한 것 같은 느낌으로 우리는 살아가기도 한다. 이제는 자신의 장점을 찾아보자. 거울을 보고 일부러라도 '씩' 하고 입꼬리를 올려 보자! 새로운 자신을 찾을 수 있다고 나는 믿는다. 만약 그게 싫다면 계속 일주일만 인상을 쓰고 거울을 바라보라. 바로 흉물스런 괴물(?)이 나를 혐오하고 있을 터이니.

결국 마음으로 외모를 가꾸자는 뜻이다. 우리는 주변의 친구나 지인을 간혹 만나거나 TV에서 한때 유명세를 탔던 연예인들을 보게 될 때가 있다. 대부분 그들의 인상을 통해 살아온 과거를 짐작하게 된다. 대부분 두 가지 부류로 우리는 직감할 수 있다. 젊었을 때는 타의 추종을 불허할 정도로 인기를 독점했을지라도 몰라보게 인상이 변한 경우와 나이 들수록 연륜과 관록이 배어들어 고상한 인품을 지닌 경우이다. 이건 외모가 잘나고 못나고의 문제가 아닌 듯싶다. 왜 그럴까? 결국 자기 관리의 산물이 아닐까? 마음이 우리를 지배하기 때문이라고 나는 생각한다. 결국 자신의 책임이라는 것이다.

우리는 세상을 살아오면서 각자 모두 쉽게 살아오진 않았다. 다양하고 힘든 경험과 숱한 역경을 나름 겪어 왔고 앞으로도 겪을 것이다. 그러한 과정 중에 어떤 이는 남에게 호감을 주는 반면, 다른 이들은 비호감을 주는 경우를 자주 접하곤 한다. 나는 이렇게 생각한다. 똑같이 힘든 경험—똑같진 않지만 유사한 경험이 정확한 표현일지도 모른다—을 했을지라도 그것을 받아들이는 사람의 마음에 따라 이후의 삶은 정반대로 나타난다는 사실이다. 바로 그 역경을 인생의 한 과정이라 생각하고 감내하면서 밝은 미래를 지향하는 것이다. 그 반대는 그 역경 속에서 끝내 헤어나지 못하고 늪에 빠지는 경우다. 우리는 무엇을 선택할 것인가? 선택은 우리에게 달렸다.

결국 매사가 우리의 마음에 달렸다고 믿는다. 너무도 당연한 꼰대철학 같지만, 진정 사실이다. 만약 우리가 업무 목적이나 친선 도모를 위해 새로운 사람을 만났다고 치자. 그 상대로부터 느끼는 첫인상은 맨 먼저 무엇에서 발원하는가? 착용한 복장,

얼굴 그리고 전체적 분위기일 것이다. 적어도 난 그렇다. 그다음, 대화를 나누면서 눈을 바라보면 거의 그 사람을 파악할 수 있다. 식사까지 함께할 기회가 있다면 상대의 인품도 확인할 수 있다.

명품 옷과 고액의 피부 관리로 치장하자는 얘기는 아니다. 적어도 출근 시나 남을 만나는 경우, 정갈하고 말쑥한 옷차림으로 나서자는 것이다. 거울 속 자신의 모습을 비춰 본 후 웃음 띤 얼굴로 하루를 시작하자는 것이다. 그 효과는 생각 외로 습관화가 되며 자신감과 더불어 남에게 호감을 주게 됨이 틀림없다. 더구나, 나이 들수록 더욱 강조하고 싶다.

일반적으로 대부분의 사람들은 사람을 외모로 판단하는 성향이 짙다. 그럴 수밖에 없는 이유는 눈에 비친 피사체에 대한 직관적 시각이 영향을 미치기 때문이 아닐까 싶다. 비근한 사례로, 오래전에 TV에서 사람의 외모에 대한 판단 여부를 실험한 프로그램을 방영한 적이 있었다. 서울의 모 유치원에서 신규 유치원 여선생님 두 분을 소개하였다. 한 사람은 허접하고 성의 없는 복장으로, 또 한 사람은 외모를 성의껏 가꾼 복장으로 입장시켰다. 원생들에 대한 호감도와 학습 집중도를 측정하기 위한 것이었다.

결과는 예상외로 극명한 대비를 보였다. 전자의 경우, 처음 인사 소개 이후 선생님의 말에 잠시 집중했다가 이후 애들끼리 장난치고 학습 운영이 성과를 이루지 못했다. 후자는 처음부터 선생님의 말씀에 바로 답변을 하는 등 호응력이 좋고 수업 끝까지 집중하여 원만한 학습 효과를 거두었다. 이것은 무엇을 의미하는가? 바로 외모에 대한 시각적·감성적 호응이다. 이와 유사한 사례는 성인의 경우에도 허다하다.

남에게 인정받으려면 자기 관리가 먼저 필요하다. 사람들은 보이는 대로 판단하는 세상이 된 지 오래다. 월요일 첫 출근 날에는 특히 정장은 아니더라도 조금 외모에 비중을 두어 신경 써 보자. 또한 금요일이나 주말에는 가벼운 청바지에 포인트를 준 면티를 걸쳐 보자. 아마도 한결 기분이 나아지고 발걸음도 가벼워질 것이다. 게다가 말끔한 신발까지 곁들인다면 금상첨화가 되지 않을까?

제발, 나이 들수록 집에서 입던 구겨진 옷이나 추레한 모습은 피하자. 자신뿐 아니라 남 또한 환영하지 않을 것이니 신경을 쓰자!

가족을 새롭게 인식하자

가족은 우리에게 어떠한 의미인가? 항상 그 자리에서 나 자신을 중심으로 관심과 지원을 아끼지 않은 존재인가? 옛날 가부장적 사회에서는 충분히 그럴 수 있었다. 하지만 세상은 너무도 변했고 지금은 IT 시대에 쫓아가기 쉽지 않은 현실을 우리는 맞고 있다. 우리나라도 이제 가족의 개념이 바뀐 지 오래다.

핵가족화는 물론이고, 부모 역시 굳이 결혼한 자식들과 함께 사는 것을 미덕으로 생각하지 않는 세상이다. 말인즉, '가족'이라 해도 객지나 원거리에 거주한다면 일 년에 서로 얼굴 보기도 쉽지 않은 게 현실이다. 게다가 가족 간에 사소한 오해나 갈등으로 명절 때에도 만나기 힘든 경우도 허다하다. 알고 보면 전부 한배 속에서 태어난 형제지간이지만, 나 같지 않음을 인정하면서도 나만 옳다고 주장하는 경우도 꽤 있다.

나는 여기서는 핵가족 내의 문제만을 언급하고자 한다. 우리 각자의 가족 문제가 부모를 포함한 가족 공동체 문화의 초석이 되기 때문이다. 맞벌이를 하든 안 하든 아침 식탁에 마주 앉은 배우자와 자녀들이 귀가하여 항상 저녁 식탁에 함께할 수 있다고 누가 장담할 수 있는가? 항상 우리 주변에는 위험이─경우에 따라서는 위협이─ 도사리고 있는 게 현실이다.

우리는 아침에 일어나 매일 TV 뉴스를 접한다. 기분 좋은 뉴스는 거의 없고 숱한 자연재해나 사고 등으로 우리의 마음을 얼룩지게 한다. 결국 퇴근과 하굣길에 가족이 무사히 귀가한다는 사실은 행운이자 축복이 아닐까 생각하는 것이다. 온전한 몸으로 귀가하여 가족을 만난다는 사실을 우리는 너무 당연지사로 치부하는 경향이 있다.

　나는 이를 당연한 게 아니고 감사할 일이라고 주장하고 싶다. 우리가 살아가면서 항상 비보는 예고 없이 우리를 급습하며 순간 머리를 새하얗게 공동화시키기도 한다. 그때서야 안도의 한숨을 내쉬거나 잃은 가족의 소중함을 절감하게 된다.

　이제 가족을 새롭게 인식하자! 여기에는 또 다른 이유가 있다. 화목하고 행복한 가정생활은 가족 구성원이 스스로 만들어가는 삶의 과정이자 여정일 것이다. 누구나 행복하길 원하지만 아무나 행복해질 수는 없다. 사춘기를 비롯한 어린 자녀를 둔 세대부터 퇴직 전후에 노부모님을 봉양하는 베이버부머 세대에 이르기까지. 평생 희로애락을 공유해야 하는 운명적 만남의 과정 속에 우리는 살고 있다. 더구나 이 책을 읽는 독자들 역시 열외는 아닐 것이다.

　행복한 가정을 꾸리고 싶은가? 답은 너무도 자명하다. 상호 신뢰와 존중이다. 메마른 땅에 사랑의 싹이 틀 수 없음이다. 서로의 결점과 단점은 묵묵히 보완해 주면서 눈을 맞추자! 질책과 핀잔은 지구 밖으로 추방하자. 한 번에 안 되면 여러 번 믿음으로 시도해 보자. 분명 정성을 드린 자에게 감동 내지는 사랑으로 보답받을 것이니…….

이제는 세상 물정도 익혔으니, 진정 '가족의 소중함'을 실천할 때가 되지 않았던가! 부모인 우리부터 진솔하게 다가가서 손을 내밀어 보자. 말없는 가운데 사랑과 행복이 충만할 터이니. 그리고 서로 감사하자. 걱정되거나 어려움에 처했을 때 논리적 대화는 자제하자. 그 대신,

"난 당신(애들에겐 '너')을 믿어!"

라고 눈 맞춤해 보자. 이내 곧 가족애가 넘쳐흐를 것이니.

그래도 세상은 살 만하다

우리는 직장인이든 생업에 종사하든 통상적으로 출근과 더불어 퇴근을 기다리는지도 모른다. 그만큼 직장 생활과 돈벌이가 만만치 않다는 사실 또한 잘 아는 터이다. 출근과 동시에 밀려드는 과중한 업무와 직원 상하·동료 간 침묵 속 긴장의 연속이

다. 스트레스는 쌓여 가나 내심 마인드 컨트롤로 하루하루를 버텨 내며 살아가고 있다 해도 과언이 아니다.

어떤 때는 '어쩌면 사람들이 자신 같지 않고 천태만상이며 이렇게 다를 수 있을까?'라고 생각하기도 한다. 하지만 이런 환경 속에서 우리는 살아가야 하는 운명인지도 모른다. 그렇다고 모든 사람들이 자신과 같다면, 그것 또한 식상하고 미칠 노릇일 테니 말이다.

우연한 기회에 매스컴을 통해 들은 이야기이다.

석양이 진 어느 날, 서울 지하철 2호선 내에는 전동차가 열리자마자, 차내에서 밀려 나온 인파를 기다리는 승객들이 순식간에 메웠다. 빈 좌석을 점령하는 것은 필사적인 전투태세와 고도의 눈치작전(?)을 방불케 하기도 했다. 대부분 승객들은 하루 일과를 마치고 지친 채, 손잡이에 의존하여 졸거나 휴대폰을 볼 공간마저도 여의치 않았다. 마치 전동차의 요동에 각자의 인생을 맡기는 형국이었다.

잠시 후, 차내 방송이 흘러나왔다. 이 방송을 듣는 순간, 승객들은 이건 통상적인 열차 노선을 알리는 멘트가 아님을 알아차렸다.

"승객 여러분! 안녕하십니까? 하루 일과를 마치고 얼마나

피곤하십니까? 저는 이 전동차를 운행하는 기관사입니다. 저
역시 그렇듯이 우리에게 하루라는 생활은 녹록지 않습니다.
승객 여러분, 이제 힘든 짐은 제가 싣고 가겠습니다! 모든 마
음의 짐은 이 열차에 내려놓고 가시기 바랍니다. 제가 책임지
고 싣고 가겠습니다!"

기관사의 방송을 들은 승객들은 그의 위로의 언사에 순간 눈
시울을 적시거나 고개를 숙였다고 한다. 지친 승객들은 상호 간
에 침묵의 공감과 더불어 그의 배려를 실감하게 된 것이다. 이
래서 세상은 살 만한 게 아닌가!

대부분 우리는 자신과 더불어 가족만을 챙기기에 급급하게 살
아오곤 한다. 하루 벌어 사는 이들에겐 하루하루가 생존 경쟁의
전투장이기도 할 것이다. 하지만 우리는 꼭 물질적인 배려나 보
상이 아니더라도 남을 위한 이타적(利他的) 삶을 살 수 있지 않
을까? 한두 마디의 진심 어린 말과 행동으로 상대에게 감동을
줄 수 있다고 믿는 것이다. 그 기관사의 멘트는 얼마나 시의적
절하고 남을 위해 진정성을 담은 철학적(?) 메시지인가? 멋지고
배려심이 충만한 사람 아닌가!

우리 모두 힘들고 고된 하루하루를 보내고 있는 상황에서 그
런 여유가 있겠냐고 반문할지도 모른다. 그렇다고 내 편할 대로
불평불만을 쏟아 낸들 해결되는 일이 있는가? 사태만 악화시킬

뿐이다. 하지만 우리 각자가 생각과 마음으로 조금씩 양보하고 사소한 배려라도 하게 된다면 이 세상은 조금씩 나아질 것이라 믿는다. 알게 모르게 우리는 서로 도움을 주고받는 끈끈한 이웃이 될 수 있다.

한번 생각해 보자! 그래도 세상은 살 만하지 않은가!

인생을 겸허하게 바라보자

어느 날 저녁 미사에 참석하였다. 어느 종교든지 종교의식에는 차이가 있지만, 대체로 지난 주일이나 과거의 자신의 행적에 대한 반성, 사제나 목사의 강론 및 성체의식(가톨릭에 한하지만) 등으로 진행된다. 내가 레지오 활동을 포함하여 K 성당에 인연을 맺게 된 지도 벌써 10여 년이 되었다. 교인의 한 사람으로서 보다 신실한 삶을 살고자 하나 인생사가 그렇게 쉽지만은 않은 것 같다.

오늘도 신부님의 강론을 듣던 중, 갑자기 신부님이 교인들을 향해 질문을 던졌다.

"여러분! 겸손의 의미를 아십니까?"

순간 모두 얼어붙은 듯 답변을 하지 못하였다. 신부님은 재차 질문을 하셨다.

"여러분! 겸손의 진정한 의미를 아십니까?"

"……"

"우리는 보통 '겸손이란 남을 존중한다'는 의미로 사용하지 만, '진정한 겸손은 자신을 낮추는 것'입니다."

대성당에 참석한 모든 교인들이 진정 수긍하는 것 같았다. 나 역시 자신을 뒤돌아보는 계기가 되었다. 남에 대해 의례적인 존 칭만 구사했지, 진정 나 자신을 낮추었는가? 그리고 남에게 자 신의 의사를 논리적으로 전하는 데 급급하지 않았던가? 그렇다 고 남을 대할 때 의기소침하여 할 말도 제대로 하지 못하는 건 겸손이 아닐 것이다.

우리는 숱한 인연과 기회를 통해 수많은 사람들을 만나고 겪 게 된다. 사람을 만나는 대표적인 수단은 언어를 통한 대화다. 대화를 통해 상대를 알게 되고 나름 판단하는 것이다. 그리고 그의 행동거지를 파악하게 된다. 결국 계속 사귈 만한 가치기준 (?)—때론 금전적 이해관계까지도—을 나름대로 정하는 것이다. 경우에 따라서는 인생 여정에서 귀인이나 덕인을 만나 행운을 얻을 수도 있으나, 예기치 않은 악연으로 평생 씻을 수 없는 곤경에 처하기도 한다.

　이러한 측면에서 우리는 겸양지덕(謙讓之德)을 재차 떠올리지 않을 수 없다. 이는 인간 사회에만 해당한다고는 생각지 않는다. 살아가면서 접하는 수많은 사람들과 자연을 포함한 사물들……. 그들은 그 존재부터 이유가 있는 게 아닐까? 사람을 함부로 대하거나 자연을 의도적으로 훼손하면, 거기에는 반드시 응분의 대가를 치른다는 사실을 우리는 목도해 왔고 체험해 왔다. 부의 축적을 떠나서 진정한 성공자의 내면에는 항상 겸손한 마음가짐과 절제력의 미덕이 내재되어 있음을 우리 또한 잘 알고 있는 터이다.

　우리가 지내 온 세월의 풍파도 알고 보면 매사가 남의 일이 아닌 우리가 직접 겪어야 할 운명의 수레바퀴인지도 모른다. 하지만 우리는 그러한 난관 속에서도 좌절하지 않고 계속 우리의 삶을 살아가야 할 것이다. 굳이 여기서 철학적 의미를 부여하고 싶진 않지만, 내 주변의 자연환경에 감사하고 자신의 삶과 더불어 남의 삶도 겸허하게 바라보자. 매사에 겸허함은 우리에게 신중함과 내실 있는 지혜를 줄 수 있을 터이니. 삶의 여유 또한 덤이 될 것이다.

2장

건강 관리

생체 리듬을 읽자

어느 날 아침. 잠을 충분히 잤는데도 불구하고 몸이 찌뿌듯하고 머리가 맑지 않은 날을 맞을 때가 있다. 그러니 아침을 맞은 기분 역시 별로인 날이다. 인간의 신체 구조는 정형화된 기계가 아닌 이상 이런 증상은 당연한지도 모른다. 나 또한 이런 경우를 자주 접하곤 한다.

이를 해소하는 방법은 없을까? 개인별로 다양한 해소법이 있겠으나 나는 일단 자리를 박차고 나와 거실 커튼을 재치고 창문부터 열게 된다. 맑은 아침의 신선한 공기를 깊이 들이마시고 떠오르는 태양을 잠시 바라보는 것이다. 약 3분간의 심호흡과 무념무상의 명상(?)에 잠기는 것이다. 대부분의 경우 몸과 마음은 한결 나아진다. 이후 베란다에 놓인 화초들을 바라보며 그들의 신비스런 생명력을 눈여겨 바라본다. 예기치 않았던 풍란의 꽃대와 지난겨울에 죽은 줄 알았던 대만산 고무나무의 싹 틔움을 발견하게 된다. 왠지 모를 소소한 기쁨과 위안을 얻기도 한다.

　아마 대부분의 독자들도 이런 현상을 경험했으리라 믿는다. 간혹 그들에게 애정 담긴 감사를 전하며 만져 주기도 한다. 자연과의 교감이다. 바로 자연을 통해 마음의 안정을 취하고 신선한 에너지를 얻는 과정으로 나는 믿고 실천해 왔다. 이는 기상과 더불어 아침을 맞이하는 나 자신의 의식이자, 이제는 습관이 되었다. 혹자는 "그게 뭐, 대수롭지 않은 것 아니야?" 할지도 모른다. 하지만 이러한 습관을 생활화하면 아침의 기분은 한결 나아진다는 점을 강조하고 싶은 것이다. 게다가 화초별로 친수성이거나 혐수성인 친구들을 개별적으로 관리하는 단순한 방법도 나름 재미를 느낄 수 있다.

　이어 하루의 중요 일정을 점검한 후, 헬스장으로 나선다. 기본 체력을 다지기 위한 물리적 작업이다. 헬스를 하게 된 계기는 약 3년 전부터 체중이 늘면서 아랫배가 나오기 시작하여 본격적으로 시작하게 되었다. 통상적으로 연 회원권을 끊어서 금전적인 부담을 담보로 운동을 생활화하자는 자신만의 약속이 된 셈이다.

특히 의료 전문가들이 이구동성으로 남녀 모두 갱년기 이후 골감소증을 대비하여 근력 운동으로 보완해야 한다고 강조하고 있다. 그 지침에 충실하자는 의미도 있다. 근력 운동을 포함한 헬스는 개인적으론 그다지 흥미를 느끼지 못하지만 출근 전 약 30분간의 운동으로 땀을 흘린 후, 샤워를 마친 출근길은 생각 외로 상쾌함을 느끼게 한다.

주로 일주일에 3일을 목표로 운동을 하나 그날 아침의 컨디션에 따라 요일을 바꾸는 약은(?) 수법을 쓰기도 한다. 왜냐하면 그날그날의 생체 리듬을 거슬릴 필요가 없다고 판단하기 때문이다. 이제는 청춘이 아니며 무리할 필요가 없다는 자신만의 고집이자 습관이기도 하다.

근무를 마친 오후 3시경에는 매일 인근 궁도장으로 나가서 약 3시간 정도 활을 낸다(국궁에서는 '활을 쏜다'는 표현을 '활을 낸다'고 함). 활을 낼 때는 단전에 힘을 주고 푸른 초원 위의 과녁을 향해 정신 집중하는 습관이 기본적 동작이다. 이러한 신체적 운동이 이제는 매일 습관화된 일상이 되었다. 결국 이러한 운동의 습관화 덕분인지 체중을 약 8kg 감량하는 실효를 거두었다. 국궁에 대해서는 제3부 '취미와 관계'에서 구체적으로 언급하고자 한다.

혹자는 이런 정도는 누구나 다 실천하고 있는 생활 습관으로 치부할지도 모른다. 충분히 그럴 수 있다. 하지만 나의 주장은 조금 다르다. 각자가 진정 자신의 몸을 건강하게 유지하기 위한 운동을 실천해야 한다는 점이다. 50세가 넘어서—40대에도 예외는 아니지만— 자신의 몸의 특성과 상태 등을 모른 채 남을 따라 하거나 경쟁심으로 무리할 필요가 없다는 것이다. 물론 교과서적인 이야기일 수 있다. 하지만 냉철히 생각해 보자. 우리는 자신의 몸에 대해 얼마나 제대로 알고 있는가? 자신의 몸은 자신이 제대로 파악하고 적합한 운동을 각자가 체질화하자는 것이다.

한번 신중히 생각해 볼 문제다. 자신의 생체 리듬을 읽자!

나에게 맞는 운동법을 찾자

개인적으로 다양한 차이가 있겠지만, 지구상의 동물 중에 별도의 신체 관리를 위한 운동은 인간에게만 주어진 특혜이자 의무 사항이 아닐까? 물론 곰을 비롯한 야생동물이 발톱을 나무에 갈아 다듬거나 독수리가 부리를 바위에 갈아 내는 행위는 인간이 누리는 운동이라기보다 생존을 위한 몸부림이라고 생각된다.

앞의 절 '생체 리듬을 읽자'에서는 우리 각자가 건강한 몸을 유지하기 위해 자신의 몸을 제대로 인식하기 위한 기본적 사항을

언급하였다. 인간은 움직이는 동작과 운동을 통해 신체의 쾌적
감과 더불어 건강을 유지하는가 하면, 자칫 몸을 망치는 경우
또한 허다하다. 그러한 연유로 인해 각자에게 알맞은 운동을 취
사선택해서 습관화함이 중요한 것이다.

그렇다면, 우리 각자에게 알맞은 운동에는 어떤 것이 있을까?
나는 체육학과 전공자도 아니며, 운동 전문가도 아니다. 다만,
나의 짧은 식견과 체험을 통하여 그동안 습득한 내용을 독자들
에게 전하고자 한다. 나는 굳이 정형화된 운동법이라 지칭하고
싶진 않지만, 운동 역시 개인별로 체형과 체질에 맞는 운동을
권하고 싶다. 꼭 체육관이나 헬스장을 방문하지 않아도 우리 각
자가 찾아서 할 수 있다면 금상첨화가 아니겠는가?

다시 말해서, 각자가 선호하는 기본 운동(Warming-up
exercise)과 건강 유지를 위해 해야만 하는 근력운동(Weight
training)으로 구분하는 것이다. 전자의 경우는 아침 기상과 더불
어 편히 할 수 있는 운동으로서,

▶ 이불 위에 누워서 발끝을 모은 채 30㎝ 정도로 올렸다가 내리기를
   반복하기(복근단련과 위장 운동)

▶ 누운 채 좌우 다리를 펴고 다리를 좌우 교대로 돌리기

▶ 벽에 대고 물구나무 서기(첫 시도에서 시간 늘리기)

▸ 엎드려뻗치기와 한 발씩 교대로 접어 굽히기

▸ 눈을 감고 무념 상태로 명상하거나 요가하기

후자의 경우는 다양할 수 있으나 근력을 다지는 운동으로,

▸ 조깅이나 걷기(10분간 보행 속도로 걷다가 3~5분간 보폭 늘려 빨리
  걷기를 반복하기: 심폐기능과 근력 향상)

▸ 스쿼트 10회부터 30회 정도(횟수 증가/일주일)

▸ 철봉 턱걸이와 매달리기(방문 상단에 조립용 철봉을 설치)

▸ 계단이나 문턱에서 발뒤꿈치만 올렸다 내리기를 반복

▸ 출퇴근 시 승강기 대신 계단 오르기(하체 근력 및 심폐 기능 강화)

▸ 단지 내 철봉이나 평행봉 활용(상하체 단련)

▸ 실내 자전거(하체와 심폐 기능 강화, 약 10만 원선)

▸ 아령이나 덤벨을 이용한 상하체 단련

이와 같은 운동은 우리 모두가 익히 알고 있는 것이지만, 지속적으로 실천하는 것 역시 쉽지 않다. 하지만 이는 과다한 비용을 지불하지 않고(거의 대부분 비용이 들지 않지만) 우리의 건강을 유지하는 데 충분하다고 나는 생각한다.

이와 관련하여 조경환 교수는 그의 논문에서, 한국 노인의 주관적 건강상태(자신이 평가한 건강상태를 말함)는 OECD 회원국 중 30위로 매우 낮은 편이며, 국내 노인 중 자신의 건강상태에 긍정적인 답변을 한 경우가 5명 중 1명에도 미치지 못한다고 강조하였다. 또한 고령자의 운동 부족은 심혈관계와 근골격계 기능의 약화를 비롯하여 비만 유발, 대사증후군에 악영향을 줄 수 있다고 발표하였다. 하지만 고령자의 꾸준한 운동은 체력 향상 및 여가 선용과 더불어 치매나 우울증과 같은 정신질환도 예방할 수 있다고 피력하였다.

또한 박인성은 그의 연구 결과로서, 노화에 의한 근육량 및 근력의 감소는 남녀 모두 하체에서 현저하다고 보고하였다. 이를 강화하기 위해서는 걷기, 조깅 및 계단 오르기와 같은 저충격 체중부하 운동과 점핑과 같은 고충격 체중부하 운동(특히 완경 후 여성의 경우) 그리고 근력 운동을 병행하는 복합 운동이 척추 및 근골격의 강도와 밀도 유지에 가장 효과적이라고 규명하였다. 권세정 · 양승원은 규칙적인 걷기 운동과 요가는 노인의 비만으로 인한 심혈관 질환과 스트레스 호르몬의 감소에 효과적인 방법이라고 보고하였다.

이외에도 홍상욱 · 박성희는 65세 이상 다수의 여성 노인을 대상으로 조사한 바, 노인의 건강운동이 자아존중감 향상과 우울증의 감소에 영향을 미치며 노인들의 삶의 질을 향상시키는 요인이 됨을 확인하였다.

이와 같은 전문가들의 임상실험 및 연구 결과는 우리에게 시사하는 바가 매우 크다. 이를 위해서 보다 적극적이고 정규적인 운동 습관을 유지하려면 인근 헬스장이나 요가학원 등을 방문하는 것도 좋은 방법이다. PT를 비롯하여 식단 조절과 체중 감량 및 심신 단련을 위한 전문적인 지도를 받을 수 있다는 장점도 있다. 결과적으로 꾸준히 할 수 있는 운동법을 스스로 찾는 방안을 강구해야 함이다.

최근에는 다양한 스포츠와 동호회를 비롯한 레크리에이션 활동의 저변 확대로 인해 체력 단련이 일상화되는 세상에서 우리는 살고 있다. 하지만 나이 들어서도 홀로 자신의 몸 관리에 무리가 없는 기본적 운동법 역시 중요할 것이다. 우리 스스로가 탐구하여 실천해야만 우리의 노후 또한 보장되지 않겠는가!

자신의 몸은 아무도 챙겨 줄 수 없다. 우리 각자가 자신의 생체리듬을 파악하고 건강을 유지할 수 있는 방법을 강구하여야 한다. 우리의 기나긴 노후 항로를 위해 희망차게 안고 가야 할 선박이자 엔진이기 때문이다. 결국 자신의 성향에 맞고 즐길 수 있는 운동이라면 더더욱 좋지 않겠는가? 단지 무리하게 경쟁심을 유발하는 운동은 지양하고 자신만의 페이스 조절이 건강 유지에 적격일 것이다. 나에게 맞는 운동법이 중요한 이유이다.

이제 선택은 우리 각자의 몫이다.

습관적 관성이 노후 건강을 보장한다

나는 아내에게서 배운 게 있다. 그것은 아침 기상과 더불어 자신의 잠자리 이불을 바로 개서 정돈하는 것이다. 어떻게 보면 매우 단순하면서도 당연한 습관일지도 모른다. 하지만 나는 주로 기상과 더불어 물 한 잔을 마시고 화장실을 간 후, 이불을 개는 습관에 익숙하였다. 언뜻 보면 별 차이가 없는 듯하나 나는 그를 관찰한 결과, 어느 날 문득 습관의 차이를 인식하게 되었다.

바로 습관의 연속성과 관성의 법칙이다. 아내는 약 40년가량 아침 일찍 외지로 통근하는 교사이다. 가능한 한 매사에 나에게 부담을 주지 않으려는 성향도 있지만, 하루 일과를 시작하는 습관이 연계되어 관성이 된 듯하다. 아침 기상과 더불어 이불 개기부터 세면, 아침 준비, 설거지 후 음식물 쓰레기 문 앞에 놓기(치우는 건 내 몫이다), 출근 준비의 순이다(그의 퇴근 후, 배려 차원에서 저녁 차림과 설거지는 내 몫인 게 일상이다).

더불어 나 또한 반사적으로 이불을 갠 후, 문 앞에 놓인 음식물 쓰레기를 분리 처리한 후, 지하 주차장에 주차된 그의 차를 지상 출입구 쪽에 이동해 주는 것이 오랜 습관이 되었다. 지하 주차장의 이중 주차로 인한 출차의 어려움을 해소하기 위한 출근길의 작은 배려이다.

항상 아침 일찍 만나는 경비원분들께도 인사를 전하면 그들도 웃는 낮으로 응대하게 된다. 상쾌한 아침의 시작이다. 독자들은 "그 정도는 다 하고 사는 거 아니야?"라거나 "너무 완벽주의군."이라고 말할 수 있을 것이다. 오히려 나에게 '사소한 것으로 아내 자랑하는 팔불출'이라고 지칭할지도 모른다.

하지만 나는 그렇지 않다고 생각한다. 하나의 사소한 습관이 우리의 성격으로 고착화되고 우리 생과 인품에도 많은 영향을 미칠 수 있다는 점을 사례로 든 것이다. 더러 가족 여행을 떠나 숙소에서 머물 경우, 이불을 가지런히 개고 숙소를 나오는 우리의 습관은 청결한 숙소를 마련해 준 이들에 대한 기본적 예의로서 생활화된 셈이다(누구나 다 그럴 수도 있지만).

간혹 퇴실 시 주변의 객실을 지나치다 보면 몸만 빠져나온 흔적과 눈살을 찌푸릴 정도로 난장판을 불사한 객실들이 생각 외로 많다. '숙박료를 지불했으니, 청소 담당자가 월급 받고 하는 일 아니냐?'라고 항변할지도 모른다. 더구나 외국계 청소부가 있을 경우엔 나 자신도 부끄러울 때가 많다. 이건 아닌 것 같다.

'이러한 사소한 습관은 그들에게 인격적 배려가 되고 더불어 우리 자신의 품격을 말해 주는 것 아닌가?'라고 생각하는 것이다. 퇴실 시 작은 수고료는 주지 않더라도 메모장에 '감사의 인사'를 전하는 미덕은 우리 자신에게도 좋은 영향을 줄 거라고 나는 믿는다.

또한 이러한 습관은 우리의 노후 생에도 긍정적인 효과를 낳을 수 있다. 자신의 이부자리 개기부터 남에 대한 사소한 배려 등이 습관화된다면 우리는 스스로 인격을 쌓아 가는 것이 아닐까? 인격 또한 작은 일부터 실천함이 중요하다고 믿기 때문이다. 결국 우리의 노후 생은 나의 첫 책『노후 맑음』에서도 강조했듯이, '거미처럼 홀로 살기'와도 일맥상통하다고 볼 수 있다.

태어나면서부터 현재에 이르기까지 우리 스스로가 만들어 온 습관은 쉽게 고쳐지지 않는다. 한번 냉철하게 생각해 볼 필요가 있다. 가능한 한 혼자 할 수 있는 일은 스스로가 해결하는 습관부터 주변의 이웃들에게 배려하는 사소한 습관을 생활화한다면 그 기쁨과 효과는 우리 자신에게 배가될 것으로 믿는다.

레오짱 등은 저서『성공한 사람들의 세 가지 루틴』에서 성공을 위한 비결을 다음과 같이 강조한다. 바로, 최적의 몸 상태를 유지하는 신체(Body) 루틴과 능력을 최고로 끌어올리는 역량(Talent), 그리고 평온한 마음을 유지하는 정신(Spirit) 루틴이다

(BTS 루틴이라 칭함).

"루틴이 정착되면 일상의 규칙적인 패턴이 삶을 탄탄하고
안정적으로 만든다. 더불어 거의 반자동적으로 최상의 정서
적·신체적 결과물을 만들어 낼 수 있는 환경이 만들어진다. 루
틴은 스스로 설계한 좋은 환경에 적극적으로 자신을 놓아둠으
로써 자신이 원하는 삶을 살아갈 수 있게 해 준다. 삶의 주도성
을 획득하는 힘이 바로 루틴의 힘이다."

또한 국내외 23인의 성공 사례를 분석한 결과, 각자가 자신만
의 균형 잡힌 루틴을 개발하고 실행함으로써 건강한 라이프 사
이클을 유지하면서 목표 달성과 더불어 자신의 꿈을 실현해 왔
다는 점을 확인하였다.

결국 성공한 사람들의 비결은 우리가 생각하는 별다른 것이
아니라 매일매일의 생활 습관의 여부가 아닌가? 바로 내가 주장
한 생활화된 '습관의 관성'을 활용하자는 것임에 틀림없다. 이제
남의 잘못된 습관을 힐난만 할 게 아니라 우리 자신의 습관도 다
시금 재고해 보자. 특히, 생활 습관, 언어 습관, 음주 습관, 식
사 습관은 우리 스스로를 남에게 명확하게 드러내 보이는 것이
니 더욱더 신중하게 관리하자.

좋은 습관은 또 다른 좋은 습관을 낳게 된다. 생활로 굳어지는

습관의 관성을 잘 활용하자는 것이다. 더구나 바로 옆에 항상 우리를 주시하는 사랑하는 자녀들이 무언의 감시자이자 실천자가 될 테니. 결과적으로 건강한 생활 습관은 운동 습관과 더불어 우리의 노후를 더욱 풍요롭게 보장하리라 믿는다. 우리의 마음은 건강한 몸이 이끌기 때문이다.

나만의 공간을 즐기자

간혹 우리는 친한 친구나 지인을 만나다 보면 친하다는 이유인지는 모르지만, 일거수일투족을 알려고 집요하게 묻는 친구들이 더러 있다. 경우에 따라서는 부부지간일 수도 있고 부모와 자식 간일 수도 있다. 정말이지 질리는 일이다. 만나기가 부담스러울 수밖에 없다.

특히 사춘기 아이를 둔 부모들은 자식에 대한 극진한(?) 사랑과 기대 때문에 그러한 경향을 보이는 경우가 많다. 심한 경우, 자녀들의 공부 시간을 체크하며 마치 감독관 역할까지 마다하지 않는 부모 또한 적지 않다. 자녀만의 공간에 대한 침해 행위라고 볼 수 있다(특히 사춘기 때는 더욱 그렇다).

경우에 따라선 단기간의 긴장과 집중의 효과는 일시적인 성적을 올릴지는 모르지만, 장기간의 학업 성취도는 향상되지 않을 것으로 나는 생각한다. 왜냐하면 인간은 공부하는 기계가 아니기 때문이다. 그들에게도 휴식과 마음의 여유가 필요하며, 혼자만의 쉼터가 절대적으로 필요하다. 또한 그들에게 왜 공부를 해야 하는지에 대한 철학적 담론은 아니더라도 공부를 통한 유익성과 더불어 삶에서의 공부의 의미 등을 넌지시 알려 줄 필요가 있다고 믿기 때문이다.

자녀와의 입장을 바꿔서 생각해 보면, 우리—특히 40대 이후와 노년 세대—도 학창 시절에 다양한 일탈(?) 행동을 하지 않았던가? 부모 몰래 행했던 해프닝들을 경험했고 동창 모임 시 자주 과거의 웃픈 추억담으로 넘기곤 한다. 문제는 노후를 앞둔 우리 자신에게 좀 더 집중하자는 것이다.

아무도 장담할 수 없는 노후! 향후 우리는 길고 긴 제2의 인생 항로를 잘 살아 내야 한다. 절친한 친구도, 옆자리를 지켜 준 배우자도 언젠가는 우리 곁을 갑자기 떠날 것이다. 그리고 자식들도 성장하여 그들의 보금자리로 떠나갈 것이다. 또한 IT 시대의 혁신적인 발전은 계속 상존할 것이며 그 급물살은 갈수록 우리에게 많은 학습과 시행착오를 요구할 것이다. 그러한 세류 속에서 마지못해 유영(遊泳)하고 지내다 보면 자신의 자존감은 물론 존재감마저 사라지고 스스로 고개를 떨군 채 인생의 허무함을 한탄하게 될지도 모른다.

이를 타개하기 위한 방안으로 나는 자신만의 힐링 장소를 미리 마련해 두자는 점을 강조하고 싶다. 그곳은 대단한 장소가 아니더라도 마음이 편한 느낌이 든다면 적격일 것이다. 후미진 동네 카페도 좋고, 인근 산 등산로의 벤치여도 좋다. 자신의 취향과 정서에 맞는 곳인 데다 자신의 취미 생활까지 영위할 수 있다면 금상첨화가 될 것이다.

인간은 태어나기 전부터 모체에서 잉태되어 한동안 자궁(子宮)이라는 공간 속에서 생활하였다. 부모를 만나고 수많은 사람들과의 교류 속에서 결국 인생을 마감하게 된다. 남과의 협의와 교제가 없이는 살아갈 수 없는 운명적 존재이지만, 그로 인해 받은 상처와 아픈 기억들은 평생 우리를 그림자처럼 따라다니기도 한다. 그렇다고 개인적인 모든 매사를 부모와 배우자, 자식들에게 시시콜콜 알리고 대화할 수도 없는 노릇이다. 설사 그렇다손 치더라도 그들이 자신의 문제들을 모두 해결해 줄 수도 없다. 결국 우리 자신이 스스로 해소하고 해결해야 할 문제라는 점이다.

이를 위해서 '자신만의 힐링 장소'를 물색해 두라고 재차 강조하고 싶다. 자신을 투영해서 바라볼 수 있는 곳이자, 객관적으로 자신을 판단할 수 있는 곳이다. 바로 자신과의 대화를 통해 위로받을 수 있는 곳이다. 그곳에서 편한 마음으로 자신을 바라보고 멍 때려도 좋다. 그냥 자연을 접하면서 시간을 보내도 좋을 것이다. 그곳은 부모의 품보다도 더 편안한 공간일 수 있다. 자신의 내면을 찾아 볼 수 있는 곳이자, 우리 노후 생의 완충재이며 재충전소가 될 것으로 믿어 의심치 않는다.

추가로 그곳에서의 느낌과 생각을 간단하게 메모해 보자. 그리고 며칠이 지난 후 그 메모를 들춰 반추해 보자. 거기엔 분명 미결 사항인 우리 자신만의 해답이 있을 것이니……. 그러니, 나만의 안식처를 찾아 나서 보자!

마음을 다스리면 건강도 좋아진다

마음을 다스린다는 것. 사실 육십여 평생 살아오면서 무척 어려운 일이다. 하지만 이 또한 생활 습관의 일환으로 신중히 고려할 만한 가치가 있다고 나는 믿는다. 요즘 매스컴을 들썩이는 흉악한 범죄의 대부분이 분노 조절장애로 인한 결과라는 범죄 수사 전문가의 분석을 접한 바 있다.

통상적으로 우리는 이와 유사한 경험을 매일 접하기도 한다. 아파트의 층간 소음 문제, 직장에서 오해로 인한 부당한 처사, 주점에서의 사소한 시비 및 운전 중 돌발적인 끼어들기 등. 이루 말할 수 없는 수많은 경우의 수 속에서 우리는 운 좋게(?) 살아남아 있는지도 모른다. 매일 뉴스를 접하다 보면—나만 그렇게 느끼는지는 모르겠지만— 갈수록 살벌한 세상이 되어 가는 듯하다. 한 치의 양보는 고사하고 남에 대한 배려심은 사라진 채 점점 우리 마음을 삭막하게 만드는 것이다. 물론, 대부분의 대중은 기본적인 양심과 덕목에 따라 처신함은 부정할 수 없다. 그러기에 이 사회가 건전하게 유지되고 있다는 점에서 나는 고무적으로 생각한다.

주변의 지인이나 친지들을 접하다 보면 간혹 만나기가 부담스러운 경우가 종종 있다. 예를 들자면, 이렇다. 상호 간의 대화를 하다 보면 매사에 비판적이고 부정적인 언사를 구사하거나 자조 섞인 처신을 보이는 경우다. 한두 번은 들어 주고 공감도 할 수 있지만, 반복되는 경우엔 그것 또한 못할 짓으로 치부되는 것이다.

생각해 보자! 나이 들어서까지 이러한 부정적 사고방식과 처신은 과연 우리 자신과 사회에 보탬이 될 수 있겠는가? 매사를 간과하고 침묵으로만 일관하라는 의미는 아니다. 다만, 그러한 처신은 본인뿐만 아니라 주변인에까지도 긍정적인 인간관계에 도움이 되지 않는다. 나아가 노후를 위한 정신 건강에 전혀 도움이 되질 않음은 기정사실이다.

문제는 얼굴은 마음의 거울이기에 자신의 심상이 그대로 얼굴에 표출되어 간다는 사실을 우리는 간과해서는 안 된다. 그렇다고 타인의 부당한 처사에 대해 꾹꾹 마음을 눌러 놓고 참고 지내자는 얘기는 아니다. 바로 직설적인 대응에 앞서 심호흡으로 마음을 가다듬고 푸른 하늘을 한 번 응시하자. 그리고 사건의 전말을 논리적으로 정리하여 상대의 잘못을 넌지시 각인시킬 필요가 있다.

개인에 따라서는 자신이 논리적이질 못하니 차라리 참고 만다는 사람도 있을 것이다. 그러나 그건 아니다. 적어도 상대의 부정적 행동이 자신에게 불쾌감을 주었다면 바로 이렇게 대응해야 한다. "당신의 이런 행동이 나에게 불쾌감을 주었다"고. 이러한 응대는 향후 상대의 반복적인 부당한 처사를 사전에 방지할 수 있기 때문이다.

결과적으로 상대로 인하거나 우리 자신의 성향에 따른 부정적 의식은 우리 스스로를 좀먹게 하며 악습의 상념으로 몰아가게 될 것이다. 더구나 퇴직하거나 업무 일선에서 물러난 우리의 노후 생은 좀 더 편한 마음을 지니고 출발해야 하지 않겠는가? 이러한 측면에서 이제 우리는 무엇보다도 마음가짐이 중요하다고 나는 생각한다.

제2의 인생을 부담 없이 출발하기 위해선 최우선적으로 마음을 다스리도록 노력하자. 다양한 종교와 숱한 선인들이 주장하는 도인의 경지에 오르자는 얘기는 결코 아니다. 부정적인 인식과 언사는 가능한 한 걸러 내는 대신 긍정적인 마음과 처신으로 채워 나가자는 것이다. 결국 우리 자신의 마음을 다스려야 한 끼의 밥도 소화가 잘될 것이며 신진대사도 활성화될 것이다. 더불어 건강도 보장된다.

어쨌든 우리 생은 자신에게 부여된 시간의 선물이니 헛되이 소진하기에는 너무 억울하지 않은가! 마음먹기에 따라 세상도 아름답게 보일 수 있으며, 그 눈과 얼굴도 맑고 준수한 외모로 바뀔 수 있다는 사례들도 사실이다. 그러니, 출근길이나 외출 시에는 꼭 문 앞의 거울을 보고 '씩' 하고 웃고 나가자. 한결 마음이 상쾌하고 하루가 즐거워질 테니.

[요약정리]

■ 우리 자신의 노화 현상을 긍정적으로 수용하자. 더불어 사회
적·제도적 현실은 우리에게 녹록지 않지만, 이제는 우리의
노후는 각자 우리 스스로 책임져야 하는 시대임을 인식하자.

■ 노후에는 진정한 '정관(靜觀)의 자세'로 우리의 소중한 삶을
영위함이 필요하다. 바로, 사물을 침착하게 바라보고 추이를
관찰하면서 본질적인 면을 찾아가는 자세를 말한다. 좀 더 자
신의 삶에 충실하고 자신의 역할이 무엇인지를 고려하면서,
주변인을 배려하고 신뢰하는 생활철학이 바람직할 것이다.

■ 노후에 외모는 무엇보다 중요하다고 나는 믿는다. 생각 외로
사람들은 보이는 대로 판단하는 세상이 된 지 오래다. 남에
게 인정받으려면 외모는 물론, 자기 관리가 먼저 필요하다.

■ 화목하고 행복한 가정생활은 가족 구성원이 스스로 만들어
가는 삶의 과정이자 여정이다. 이를 위해서는 가족 상호 간
의 신뢰와 존중을 토대로 사랑의 싹을 키워 나가야 한다.

■ 우리 각자가 상대에게 조금씩 양보하고 사소한 배려라도 하
게 된다면 이 세상은 조금씩 나아질 거라고 믿는다. 알게 모

르게 우리는 서로 도움을 주고받는 인생의 여정을 동행하기 때문이다.

- 내 주변의 자연환경에 감사하고 자신의 삶과 더불어 남의 삶도 겸허하게 바라보자. 매사에 겸허함은 우리에게 신중함과 내실 있는 지혜는 물론, 삶의 여유를 부여하게 된다.

- 아침 기상과 더불어 자신의 생체 리듬을 읽자. 자신의 몸은 스스로 제대로 파악하고 적합한 운동을 각자가 체질화하자.

- 자신의 몸은 아무도 챙겨 줄 수 없다. 기본 운동과 근력 운동을 병행하여 스스로 건강을 유지하도록 하자.

- 우리 자신의 습관, 특히 생활 습관, 언어 습관, 음주 습관, 식사 습관은 더욱더 신중하게 관리하자. 생활로 굳어지는 습관의 관성을 잘 활용하자.

- '자신만의 힐링 장소'를 물색해 두자. 자신의 내면을 찾아볼 수 있는 곳이자, 우리 노후 생의 완충재이며 재충전소가 될 것이다.

- 제2의 인생을 부담 없이 출발하기 위해선 최우선적으로 마음을 다스리도록 노력하자. 그렇게 하면 한 끼의 밥도 소화가 잘될 것이며 신진대사는 물론, 건강도 보장된다.

[자가 진단 및 개선 방향]

진솔한 마음으로 자신을 진단하고 개선 방안을 작성해 보자.

인식 전환		
진단 항목	현 상태 진단	향후 개선 방향
1. 자신의 노화에 대한 인식 정도	남보다 더 늙어 보인다	요가와 명상으로 심신을 다진다
2. 세상을 바라보는 시각	부정적인가? 그게 노후에 도움이 되는가?	대안(예): 종교에 귀의, 봉사
3. 자신의 외모에 대한 태도	자신이 없다	매일 거울을 보고 웃어 보자!
4. 가족에 대한 인식도	당연히 옆에 동거하는 존재	가족 일원이 없을 경우를 예상해 보자
5. 자신의 생에 대한 자세	아직까지 별다른 생각이 없었다	자신감과 적극성으로 무장해 볼까?
건강 관리		
1. 생체 리듬 자각성	나는 어느 정도 내 몸을 아는가?	간단한 산책으로 체크
2. 자신만의 운동법	아침 산책 정도	근력 운동을 위한 헬스장 예약(24년 3월부터)
3. 자신의 습관	말이 많다는 평을 듣는다	참을성 있게 남의 말에 귀기울이는 습관 기르기
4. 나만의 공간 확보	아직까지 없음	동네 카페를 단골로 만들기
5. 마음 조절성(Mind control)	화가 나면 참을 수 없다	심호흡을 하고 하늘을 3분간 바라보기

벌이와 쓰기, 투자의 조화

"행복과 성공의 공식은 단지, 당신 자신이 되는 것이다. 당신이 할 수 있는 가장 강렬한 방식으로."

- 메릴 스트립

"중요한 것은 당신이 얼마나 바쁜가가 아니라, 당신이 무엇에 바쁜가이다."

- 오프라 윈프리

1장

벌이와 쓰기의 조화

금전 관리의 비법은 따로 없다

지구상에 돈을 싫어하는 사람은 없을 것이다. 그만큼 돈은 인류가 만들어 낸 가치 기준의 실질적인 도구이자, 죽을 때까지 돈 문제는 우리를 그림자처럼 따라다닌다. 아니, 부의 축적이 타인과의 차별화 내지 사람의 평가 기준에 적지 않은 영향을 미치는 세상에 우리는 살고 있다. 또한 부당 이득이나 부적절한 투자로 인해 평생 쌓았던 자신의 명성과 인격을 하루아침에 실추시키는 경우도 허다하다.

더구나, 퇴직 전후에는 막막한 노후를 대비하기 위해 돈 문제가 대부분 화두에 오르게 된다. 가장 걱정스러운 요물(?)임에 누구도 부인할 수 없다. 하지만 노후에 돈을 벌기 위해 여생의 모든 것을 거는 것은 너무도 자명한 우(愚)를 범하는 처사가 아닐까? 통상적으로 직장인이라면 퇴직 후에 바로 직장을 떠나거나, 경우에 따라선 자문역 등으로 2년 내지 4년간의 추가 혜택을 받는 경우도 있다. 그 이후에는 버젓한 직장을 구하기는 거의 불가능한 현실이다. 결국 퇴직 후 대부분의 직장인은 퇴직금을 받게 되며 노후 대비를 위한 경제적인 초읽기가 시작되는 시점인 것이다.

　그렇다면 기나긴 노후 생활을 위해 경제적 측면은 어떻게 대비해야 할까? 이를 해소하기 위한 방안으로 시중에는 다방면의 전문가들이 고견을 우리에게 공유(요즘에는 유튜브가 대세이지만)하기도 한다. 부동산, 주식 투자 등의 재테크 방법도 책으로 출간하여 우리에게 상세한 깨알 정보를 적극 제공하고 있다. 하지만 막상 우리 자신에게 적용하기에는 각자 나름의 상황과 장벽이 상존하여 실행에 옮기기가 어려운 것도 현실이다. 이런 때는 "내가 10년만 젊었어도 용기를 내어 시도할 텐데……." 하고 자책하거나 의기소침해지기도 한다.

　하지만 현실은 예리하게 다가오는 비수(匕首)와 같다. 피할 수도 없고 우리 각자에 딱 들어맞는 맞춤형 돈벌이는 불행히도 녹록지 않다. 그렇다면 결론은 정해진 것 아니겠는가? 현재의 자산과 금전을 안전하게 관리하는 방안밖에. 이와 병행하여 자신의 미래 자산을 개발하도록 노력하는 방안이 현명한 방법이라고 나는 믿는 것이다. 돈벌이는 쉽질 않으니 현재의 자산을 합리적으로 활용하는 방안을 각자가 강구함이 바람직할 것이다. 결국 그동안 비축해 온 한정된 자산으로 노후 생활을 예측하면서 금전 관리를 하는 방법이 교과서적인 해답이 될 수밖에 없다.

특히, 40·50대로서 현직에 종사하는 세대들은 가능한 한 일찍 국민연금(배우자 포함)을 비롯하여 개인연금과 신탁의 가입을 적극 권장하고 싶다. 이는 노후 생활에 큰 도움이 될 수 있기 때문이다. 통상적으로 노후에는 추가적 수입이 없으므로 그동안 비축한 금융자산으로 생활할 수밖에 없다.

퇴직 전후 무렵에는 매달 퇴직금을 포함한 연금의 수령에 따른 월별 지출비용을 개인별로 명확히 분석할 필요가 있다. 만약 수개월에 걸쳐 퇴직금과 연금의 수령액이 지출비용보다 상회할 경우라면 그 차액으로 별도의 목표 지향성 적금이나 신규 저축성 통장을 개설함도 장기적 측면에서 바람직할 것이다. 또한 미리 개인별로 노후 생계비를 검토하여 당장 국민연금의 수령을 받지 않아도 된다면 연금의 수령을 최대 5년까지 연장하여 35% 이상의 수익률(연 7.2%)을 보장받을 수 있다.

결국 노후를 위해 안전장치로 준비해 온 금융자산의 관리 비법은 따로 없다고 나는 생각한다. 다만, 노후를 대비하여 자산 관리에 확신이 서지 않는 경우 금융계의 재무 설계사와 협의할 필요는 있다. 큰 방향을 설정하는 데는 도움이 될 수 있겠으나 세부적 결정 또한 우리 자신이 신중히 해야 할 사안이다. 오히려 잘못된 판단으로 가산을 탕진하는 투자자들이 요즘에는 꽤 많기 때문이다. 또한 절세 방안도 면밀히 검토해 보자. 결국 노후에는 소비를 줄이고 합리적인 지출을 지향하는 마음가짐이 생활화되어야 한다고 나는 믿어 의심치 않는다.

내 직장의 30·40대 직원들의 경우, 이와 같은 연금의 혜택을 아직 피부로 느끼지 못하는 사례가 적지 않다. 대신 주식 투자와 같은 모험성 자본 확장에 관심을 두는 듯하다. 재차 강조하지만, 젊어서부터 노후를 면밀하게 대비하시라! 금전 관리의 비법은 따로 없으나, 미리 장기성 연금제도의 활용이 안전한 대안이 될 수 있다.

돈, 부동산과 주식 투자의 포트폴리오

Ⅰ

가장 효과적이고 가성비 좋은 재테크 방법은 무엇일까? 눈앞에 아른거리는 현금과 돈이 되는 부동산, 그리고 재무 구조가 튼튼한 회사의 많은 주식을 보유하고 있다면, 우리는 정말 밥

먹지 않고도 배부른 나날이 될 것이다. 어깨가 으쓱해지고 천하를 가진 듯 배포 또한 커질 수도 있을 것이다(착각일 수도 있겠지만).

하지만 현실은 그렇지 못하다. 항상 인생사에는 리스크(Risk)가 우리를 염탐하고 있기 때문이다. 누군들 자산을 탕진하기 위해 투자하고 땅을 매입하지는 않을 것이다. 각자가 나름 전문가의 조언을 얻고(전문가로 속인 경우도 많지만) 심사숙고하여 투자했을 것이다. 하지만 황당한 결과를 낳게 되면 온통 하늘이 무너진 느낌이 들 것이다. 아마도 상거래에는 적지 않게 부정직한 전문가(?)가 있기도 하거니와 재운(財運)이 받쳐 주지 못해 그런지도 모른다. 아니면, 부의 축적에만 매료된 나머지 신중하지 못하고 사람을 너무 믿은 대가일지도 모른다.

이제 안정된 노후를 맞이해야 할 우리로선 이러한 리스크를 최대한 피하고 더 이상 치명적인 선택은 하지 말아야 할 것이다. 그렇다면 우리는 각자의 자산을 어떤 방식으로 배분 · 조합하고 관리해야 할까?

먼저 금전 관리의 문제는 1절에서 언급한 관계로 생략하고 부동산 투자와 관련된 사례를 소개하고자 한다. 아마도 독자들은 대부분 이 책의 내용 중 '투자의 포트폴리오' 부분을 가장 먼저 들춰 볼지도 모른다. 그리고 나선 명확한 해결책을 기대했다가 실망할 수도 있다. 하지만 흔히 우리 주변에서 발생하는 사례들을 토대로 독자들에게 자산 증식을 위한 투자에 있어서 경종을 울리려는 의도이다. 이것이야말로 내가 진정 그들에게 도움을 줄 수 있는 방안이라고 믿기 때문이다.

Ⅱ

40대 중반인 Y라는 여성은 슬하에 2남 2녀를 둔 전업주부였다. 교육계 공직에 근무하는 남편은 세상 물정에 어두웠다. 결국 그는 향후 자녀들이 대학 진학을 비롯하여 유학까지 보내기엔 공무원 월급만으론 도저히 감당하기 힘들다는 판단을 내렸다.

어느 날, 그는 남편에게 이런 사정을 털어놓고 시내 변두리에 좋은 땅(약 2천 평)이 매물로 나왔다고 하니 그것을 매입할 의사를 밝혔다.

"여보! 애들도 커 가고 4남매의 학비를 비롯하여 졸업하면 외국 유학에 뜻이 있는 애들은 보내면 어떻겠어요?"

"아니, 난 아직 생각도 못 해 봤는데, 나 대신 고맙긴 하나 무슨 돈으로 투자를 한단 말이오?"

"……"

"애들 교육에는 최선을 다하는 게 좋지만, 돈을 어떻게? 차라리 몇 년 전에 구입한 부동산을 팔아서 하는 것이 어떨까?"

"돈 모아 놓고 투자하는 사람은 없어요. 그 땅은 우리 노후를 위해 놔둡시다. 여동생들도 믿는 부동산 중개사가 있다니 너무 염려 말아요. 부족한 돈은 조금 대출을 받지요."

"그래요? 처제들도 믿고 한다니, 신중히 알아보고 해요."

이렇게 부동산 투자를 시작했던 Y는 한 달도 채 넘기기 전에 여동생으로부터 전화 연락을 받고 망연자실할 수밖에 없었다.

"언니! 어떻게 해요? 아무래도 땅을 잘못 산 것 같아요. 자세히 알아보니 '그린벨트'로 묶인 땅이래요. 어휴, 이를 어째!"

"뭐? 뭐라고? 분명히 중개사가 문제없는 땅이라더니……"

대출까지 받아 구입한 부동산이 상거래도 되지 않는 규제 대상인 땅이었다. 몇 개월간 남편에게 속사정을 꺼내지도 못한 Y는 혼자 감당하기가 어려워 결국 남편과 상의하였다. 해결 방법이라곤 우선 현재 거주한 집을 매도하고 규모가 작은 주택으로 이사하는 방법 외엔 달리 방법이 없었다. 상당한 대출을 받은 관계로 단시일에 대출 이자와 원금을 갚을 여력이 없었기 때문이다. 암담한 현실에 봉착한 것이다.

이러한 심각한 상황을 학교에 재학 중이던 4남매는 가족회의를 통해서야 자세히 알게 되었다. 그야말로 모두 청천벽력 같았으며 남의 일로만 알았던 현실을 마주치게 된 것이었다. 그들은 안심시키는 부모님의 위로에도 불구하고 먹구름 같은 미래가 영화의 한 장면을 방불케 하였다.

  결국 몇 년째 대출금 상환을 버텨 내다 매입한 부동산마저 헐값에 매도하게 되었다. Y의 가정은 그로 인해 경제적인 치명타를 입게 되었다. 그 후 몇 개월이 지나자, K광역시 시청 부지가 Y가 구입했던 부동산 인근으로 이전되는 도시계획이 공표되었다. 그린벨트 규제가 풀리고 땅값은 천정부지로 치솟았다(현재 그 부지에는 고층빌딩 숲이 우거져 있다). 그 소식을 접한 Y 가족은 또다시 경악과 아쉬움을 감추지 못하였다.

  Y는 바로 나의 모친이다. 참으로 당시에는 가족 모두 힘든 악몽을 꾸는 듯한 상황이었다. 잘못된 부동산 투자에 대한 응분의 대가를 온 가족이 통렬하게 치른 셈이다. 이를 회복하는 데는 상당한 시간이 필요했다. 이 사례는 부동산 거래에 대한 철저한 검토를 비롯한 심사숙고의 필요성을 우리 가족에게 각인시켰다. 결과적으로 행운의 여신은 우리 편이 아니었음을 경험한 사례이다.

또 한 가지 사례를 들고자 한다. 아내와 만나 결혼을 한 지 약 10년쯤 될 무렵이었다. 장인어른께서는 의료업을 운영하시면서 해당 분야에서 전문성을 인정받는 분이셨다. 그런 덕분인지 나름 자산 축적에 많은 도움이 된 것 같았다.

1997년, 추석 연휴에 아내와 자녀를 데리고 처가를 방문하였다. 온 가족이 한자리에 앉은 저녁 식사 상에서 장인어른의 표정은 이상하게 굳어 있었고 식사를 거의 하지 않으셨다. 그는 자신의 모습으로 인해 가족들이 의아해하는 느낌을 받으셨던지 억지웃음으로 분위기 조성에 애쓰시는 모습이 역력하였다. 나는 속으로 중얼거렸다.

"무슨 일이 있으셨나? 혹시 건강이 안 좋으신지⋯⋯?"

식사 후 9시 뉴스가 끝나는 무렵, 주식 동향을 알리는 프로그램이 이어졌다. 장인어른께서 벌떡 일어나시더니 리모컨으로 TV를 끄고 안방으로 돌연 들어가셨다. 가족 모두 그의 갑작스런 행동을 이해할 수 없었다. 순간 나는 뭔가 뇌리를 스치는 것을 느꼈다. 평소 하시던 처신과는 너무도 달랐고 아마도 '주식'과 관련된 문제가 아닌가 하는 막연한 생각이 들었다.

추석 성묘를 마치고 대전으로 귀가하여 아내에게 넌지시 물었다.

"장인어른께서 그렇게 처신할 분이 아닌데, 건강도 안 좋으신 것 같고 혹시 '주식 투자'를 하셨나요?"

"·····."

"당신은 좀 아는 것 없어요? 표정이 너무 안 좋으신데 걱정이 되네."

"엄마한테도 말씀을 안 하시니, 저도 도저히 짐작이 안 가네요."

그 후, 몇 개월이 지나 새해를 맞는 연휴 일정에 처가를 다시 방문하게 되었다. 장인어른과 장모님께 인사드리고 나니, 그는 바로 볼 일이 있다고 하시면서 외출을 하셨다(아마 증권회사를 가신 듯하다). 조심스럽게 나는 장모님께 여쭤보았다.

"장인어른께서 건강도 안 좋은 것 같고 혹시 주식 투자를 하셨나요?"

"이 서방이 그걸 어떻게 아는가?"

"평소와는 너무 다르셔서. 제 직감입니다."

"·····. 그렇다네. 한동안 일체 얘기를 안 하시더니 최근에서야 알게 됐네. 투자를 몽땅 하셨는데 아마 깡통계좌가 된 듯하네. 얼마 전에는 인근 파출소에서 연락이 왔는데 집 주변에서 쓰러지셨다네."

"예? 그 정도까지요?"

　이런 사례는 간혹 매스컴을 통해 들은 남의 일로 생각했다. 장인어른께서 주식 투자를 하셨다는 사실도 너무 의아했을뿐더러 저토록 곤욕을 치르신지는 미처 몰랐었다. 주식 투자액은 장모님께도 전혀 말씀을 안 하셨지만, 아마도 수억 정도는 날리신 것으로 생각된다. 참으로 안타까운 현실이었으나 이로 인해 그는 이후 몇 년간의 정신적 · 육체적 고통을 감내해야 했다.

Ⅲ

　누구나 많은 돈을 벌고 싶고 노후에 풍족한 부를 누리고 싶을 것이다. 하지만 부동산의 사례도 그렇고 주식 투자 역시 투자자의 의도대로 항상 승승장구하지는 않는다. 나중에 알게 된 사실이지만, 내 모친도 부동산 투자를 하시기 전에 친구분들과 주식 투자를 했던 전력(?)을 실토하셨다. 초창기에는 제법 짭짤한 재미를 보셨다가 결국 친구분의 거금 투자 실패로 인해 그만두셨다고 한다.

　지구상의 많은 사람들이 불확실한 미래에 대비하여 보다 윤택한 삶을 추구하기 위해 투자의 길로 나선다. 특히 노후를 앞둔 시점에서는 더욱더 절박할 수 있다. 하지만 부동산이든 주식이

든 투자자가 지닌 정보와 분석 능력(?) 이외에 너무나도 많은 변수가 상존하고 있다는 사실이다. 이러한 변화무쌍한 와류 속에서 자신만의 부를 창출할 수 있는 사람들은 과연 투자자 중에 얼마나 될까? 생각해 볼 일이다.

그렇다고 부동산이나 주식 관련 전문가들에 대한 비판적 견해를 갖고 있는 것은 결코 아니다. 그들 역시 나와 같은 관점에서 실패를 사전에 방지하기 위한 귀한 정보와 지침을 분명 제시할 걸로 나는 믿는다. 그럼에도 불구하고 돈을 버는 사람들보다 잃는 사람이 훨씬 더 많은 이유는 뭘까? 그만큼 예측할 수 없는 경우의 수가 많기 때문은 아닐까? 아마도 '투자(投資)'라는 말 그대로 자신의 자금을 밖에 내던지는 의미여서일까 하고 생각되기도 한다.

특히 최근에는 부를 창출하기 위한 포트폴리오(Portfolio)의 조합의 중요성이 대중화된 지 오래되었다. 부동산과 주식 및 현금의 배분에 이어 요즘 젊은 층은 '비트코인'에 몰입하는 추세가 아직도 강하다. 더구나, 경기 침체의 우려로 인해 개인별로 황금의 매입 추세도 두드러지고 있다. 이러한 현상은 불확실한 미래와 예측 불가능한 경기 악화로 인해 초래된 결과로 생각된다. 갈수록 경기가 어려워지는 데 따른 불안감의 발로이다. 게다가 국내외 물가의 파동을 비롯한 전쟁이나 분쟁 외에 사소한 이슈에도 국내외 경기와 물가 변동은 가변적이고 주식 또한 어느 방향으로 튈지 예측하기 어려운 게 기정사실이다.

이런 상황에서 우리는 진정 자신만의 포트폴리오를 어떻게 구상하고 설계하고 있는가? 물론 나는 부동산이나 자산 및 주식 관련 전문가는 결코 아니다. 하지만 전술한 바와 같이 제아무리 자산 증식 관련 전문가의 견해와 자문을 구하더라도 자신의 자산 관리의 책임과 행사는 스스로 결정해야 한다는 점이다.

앞서 내가 직접 경험한 두 가지 사례를 통해서 나는 투자에 대한 관점을 젊은 시절부터 직접 체험하고 배우는 계기가 되었다. 그래서 모든 투자에 대한 결정 시 심사숙고를 전제로 보수적인 접근을 강조한다. 특히 노후를 앞둔 시점에서는 더더욱 그렇다. 경우에 따라서는 여유 자본(해당 자산을 잃어도 가계에 문제가 없을 정도의 금액)으로 주식이나 모험 투자를 시도해 봄도 고려할 만하다(사실 개인적으론 그것마저 만류하고 싶지만).

이러한 추세에 가세하여 2010년대 중반 이후 '무자본 M&A'라는 무리들이 전국을 대상으로 음성적인 악덕 상거래를 자행해 왔다. 멀쩡한 상장사들을 사채로 인수한 후 회사 돈을 빼내거나 각종 허위 공시로 주가를 올려 시세 차익을 얻는 행위가 만연되고 있다. 더구나 사채를 이용해 거액의 유상 증자를 공시한 결과, 해당 회사는 상장 폐지되고 많은 주주가 피해를 보는 사례가 늘고 있다. 이와 같은 경제 질서를 파괴하는 주범인 전국의 인적 네트워크가 약 3,000명에 이른다고 한다. 향후 한국 경제의 암적 존재로 부상하고 있다는 사실은 우리에게 경종을 울리고 있다.

이제 우리는 선량한 투자자들의 자금과 삶을 송두리째 말살하는 이러한 '개미귀신들'의 모래 굴에 빨려 들어가는 희생양이 되지는 말아야 한다. 결과적으로 돈, 부동산과 주식 투자의 포트폴리오의 정석은 없다. 해답은 우리 자신에게 있다는 사실을 잊지 말자! 그리고 어느 분야든 투자(投資)는 남에게 돈을 맡기는 개념이지, 항상 우리 손안에 요행으로 돌아오지 않는다는 점을 명심하자. 노후에는 더욱더 그렇다!

돈벌이가 아닌 시간벌이

우리가 태어나서 죽을 때까지 자신의 마음대로 할 수 있는 것은 오직 한 가지, 시간뿐이다. 부득이한 사고나 긴급한 직장 일일 경우에는 그것마저도 우리 마음대로 할 수 없다. 그렇다고 시간 또한 우리에게 항상 주어진 무한자원은 아니다. 육신과 의식이 우리 자신의 통제하에 있을 경우에만 우리 의지대로 조절할 수 있다.

우리는 통상적으로 '시간을 번다'라는 말을 자주 쓰곤 한다. 바쁜 일을 처리할 때나 겹친 일정을 소화해 내기 위해 순간 번득이는 예지력으로 동시에 일을 해내거나 우선순위를 가려서 효율적으로 마무리하는 것이다. 노후를 앞둔 세대도 젊었을 때는 순발력 있게 대처했지만, 이제 육신은 갈수록 둔해지니 한심스러운 때가 다반사다. 하지만 노년기에는 시간에 대한 청신호가 우리를 반기게 된다. 시간의 여유로움이다. 시간에 쫓겨서 업무를 처리해야 하거나 강박관념을 지닌 채 살 필요가 없는 것이다. 얼마나 다행스런 일인가!

결국 시간은 인간이 느끼는 상대적 개념으로 우리와 동행하는 운명적 친구인 것이다. 젊어서부터 올바른 목표를 세워서 효과적으로 시간을 활용한 사람들은 대체로 남보다 먼저 성공할 확률이 높다. 시간 투자 없이 쉽게 얻어지는 성과는 없기 때문이다. 하지만 노후의 여정은 너무도 자유롭고 방만하다고 느낀 나머지 무료함과 나태함에 젖어들기 쉬운 계절병일지도 모른다. 퇴직 후의 생활이 그렇다. 돈벌이는 녹록지 않고 시간은 넘쳐나니 무엇을 해야 할지, 어떻게 살아야 할지 몰라 마치 까마득한 미로 속을 헤매는 듯한 기분이 들 때도 있다.

바로 노후 여정에서 중요한 분기점을 만난 시점이다. 이 시기를 지혜롭게 극복하지 못하면 노후의 행복은 우리에게서 점점 멀어져 가는 신기루(蜃氣樓)가 될 것이다. 주변을 둘러보면 생각 외로 이 고비를 넘기지 못하고 마지못해 살아가는 듯한 사람들을 접하게 된다. 누구의 인생인가? 우리 스스로 노후 생을 가꿔야 할 중요한 간이역임을 간과하지 말자.

이를 해소하는 방법은 생각 외로 간단하다. 무작정 하루하루의 시간을 허비하지 않고 시간 벌이를 하는 것이다. 맨 먼저 매일 하루 일정을 오전과 오후로 분할하여 주요 일정을 잡는 작업이 효과적이다. 가능한 한 오전에는 맑은 정신으로 집중할 수 있는 일로, 오후에는 여유 있는 마음가짐으로 실천할 수 있는 취미 활동이나 소일거리가 될 것이다. 시작은 미미할 수 있으나 거듭할수록 구체화되고 기록마저 하게 되면 점점 체계적인 일과표가 만들어질 것이다. 또한 실행을 하다 보면 자신이 모르는 것을 배우는 기회가 되며, 배움을 통하여 친구를 사귀는 긍정적인 효과도 누리게 된다.

이제 시간벌이에 나서자! 우리는 흔히들 쉽게 말한다. 인간이 가장 멋있고 아름다울 때는 자신의 일에 몰두할 때라고. 그러니, 최첨단을 치닫고 있는 정보화 사회 속에서 살아남기 위해서라도 우리, 세상 밖으로 나가서 배우고 익히며 사람들과 부대끼며 살자! 움직여야 얻는 게 있고 깨우칠 수 있기 때문이다. 돈벌이에만 매달리며 심사가 불편한 것보다 시간을 활용하여 우리 생을 충만하게 할 때가 된 이유이기도 하다.

벌기보다는 잘 쓰자

  50대 중반에 들어서면, 남녀 대부분은 자신을 돌아보게 된다. 자신의 존재감을 자각하게 되고 미래의 불확실성과 더불어 자신의 인생에 대한 회의가 들기도 한다. 심한 경우 인생의 허무함마저 들게 되는 사례도 적지 않다. 깊이 빠져들면 현대인의 고질병인 우울증이 문밖에서 기다리는 형국이다. 이때 문고리에 빗장까지 걸게 되면 우리의 노후는 암흑 속을 헤맬지도 모른다. 더구나, 반평생을 배우자와 자식들의 뒷바라지에 최선을 다했건만 자신에게 돌아오는 건 허탈감과 살아온 날들에 대한 억울함이다.

  '나는 그동안 무엇을 위해 살아왔던가?'

  하고 말이다. 하지만 이러한 상황은 남이 강요한 것도 아니며 스스로 자신의 생각대로 만들어 온 결과물이다. 우리의 부모님들이 우리에게 최선을 다했던 것처럼.
  이제라도 우리는 자신의 노후 생을 최우선 과제로 삼아야 할 때가 되었다. 어느 누구도 자신의 생을 자신만큼 챙겨 주는 사람은 없다는 사실을 우리는 직시해야 한다. 평생 벌어 온 자금이나 퇴직금은 우리 자신을 위해 투자하고 활용하는 방안을 찾아보도록 하자. 매정할지 모르지만, 자식들을 위해 유산을 남기는 데 연연할 게 아니라 노후 생을 위한 밑거름에 투자하자는 것이다. 우리 노후를 풍족하게 하는 수단으로 활용하자는 취지다. 여태 지켜봐 왔지만, 부모의 유산으로 인해 형제지간에 화목한 집안이 몇이나 될까?

그렇다면 노후의 자금을 어떻게 활용하는 것이 현명할까? 대충 독자들은 짐작했을 것이다. 물론 정답은 없다. 개인별 경제 상황과 자산 규모, 건강 상태, 생활 유지 및 자녀의 혼사 비용 등 다양한 요인들로 인해 미래를 예측할 수 없는 건 너무도 당연하다. 그럼에도 불구하고 우리는 노후에 돈벌이보다는 쓰는 데에 역점을 둘 수밖에 없다.

각박하고 살기 어려운 현실이긴 하나, 간혹 대중에게 경종을 울리는 감동적인 사례들을 우리는 접하게 된다. 어려운 이웃과 독거노인들을 위한 따뜻한 손길과 익명성 헌금이다. 대부분 기부하는 그들 역시 풍족하거나 부유한 처지가 아닌데도 선뜻 나눔의 철학을 실천하는 자들이기에 우리는 찬사를 보내는 것이다. 이와 더불어 금적적인 지원은 아니더라도 어려운 이웃을 위해 몸소 실천하는 자원봉사자들도 우리의 마음을 즐겁게 한다.

반드시 남을 위한 금전적 지원이나 기부가 아니더라도 나이들수록 주변인들에게 관심과 사랑을 나누는 노후가 우리에게 반드시 필요하다고 나는 믿는다. 그 이유는 노후에는 주변인들과 더불어 웃고 즐기면서 평온한 마음가짐으로 살아가는 삶, 그것이 노후 생에 활력소가 되고 인생의 의미를 느끼게 한다고 생각하기 때문이다. 그렇게 하기 위해서는 어떻게 해야 할까? 바로 주변인들에 대한 관심과 마음가짐을 가져야 한다고 강조하고 싶다. 우리가 조금만 신경 쓴다면 실천 가능한 사례를 소개하고자 한다.

내가 아는 친지인 K씨는 약 20년 전부터 동네 헬스장에 다니게 되었다. 60대에 들어서자 해가 거듭할수록 관절이 취약하여 근력을 다지기 위해 운동을 생활화하게 된 것이다. 그러다 보니, 다양한 연령대의 친구들이 생기게 되었다. 50대부터 70대에 이르기까지. 평소에 성품이 온유하고 따뜻한 그는 헬스장에서 그들과 함께 운동하고 대화 상대가 되는 것만으로도 다행이라고 생각하였다.

운동으로 동질감을 느낀 그들은 운동 후 삼삼오오 모여서 점심을 함께하거나 차를 마실 경우, 꼭 K씨를 '왕언니'로 추대(?)

하여 초대하였다. 사실 그들은 친딸보다 어린 나이부터 막냇동생뻘 정도로 다양한 세대인지라 K씨는 처음에는 무척 당황스럽기도 하고 부담스러웠다. 하지만 부담 없이 다가오는 그들의 배려에 오히려 감사한 마음마저 들었다. 해가 거듭할수록 K씨는 그들과의 우애가 돈독하게 됨을 느끼게 되었다.

그러던 어느 날, K씨는 운동을 마치고 귀가하던 중에 그들에 대해 곰곰이 생각하게 되었다.

"저 친구들이 나를 잘 따르고 좋아하는 이유가 뭘까? 간혹 점심 정도 사고 함께 모여서 대화 나눈 것밖에 없는데. 매일 안부 전화를 하고 김장철에는 미리 김치를 손수 담아 보내 주기까지 하니. 더구나 남편이 위중할 때 반찬거리까지 챙겨서 방문하다니, 내가 그렇게 잘해 준 것도 없는 것 같은데……"

간혹 K씨를 만날 때 주변의 그들의 얘기를 들은 적이 여러 번 있었다. 나는 그 이유를 바로 직감하였다. 평소에 말수가 적으시고 얼굴에 미소를 띤 그였기 때문이었다. 그들이 모인 자리에서나 개인적으로 만났을 때 개인적 푸념이나 얘기를 그가 끝까지 들어 준다는 사실을 알게 된 것이다. K씨는 바로 나의 장모님이다(집안 자랑은 아니니 이해해 주시리라 믿는다). 더러 음식을 산다면서 자리를 전세 낸 양 혼자 떠드는 사람들을 우리는 간혹 볼 수 있다. 맛있는 음식마저도 식욕이 달아나기 십상이다.

노후에 행복하려면 주변인에게 따뜻한 마음으로 다가가자. 돈을 제대로 쓰는 것도 중요하지만, 국밥 한 그릇을 함께하더라도 상대의 눈을 맞추고 얘기를 들어 주는 시간의 투자가 더 중요할지도 모른다. 그럴 때면 음식이 좋아서가 아니라 자신에게 집중하여 관심을 갖는 대화 상대를 신뢰하게 될 것이다. 그는 자신의 얘기를 듣고 해결해 주기만을 바라는 게 아니니까.

이제는 인색하지 않을 정도의 돈만으로도 상대와의 시간을 제대로 쓴다면 우리의 노후는 외롭지 않고 행복해질 수 있지 않을까? 생각 외로 상대에게 돈을 쓰는 것보다 상대의 마음을 읽고 긍정하는 습관이 주변의 친구들을 얻을 수 있는 비결이 될 수 있다. 간혹 지갑도 열어야 하겠지만, 상대를 위해 시간도 조화롭게 잘 쓰자!

2장

배움과 투자의 미학

더 이상 배울 게 없다고? 천만의 말씀!

대부분 직장에서 퇴직을 맞이하는 사람들은 노후에 대한 대비 여부를 떠나서 막막해 한다. 나 역시 예외는 아니었다. 간혹 친구들을 만나서 이구동성으로 하는 말인즉, "퇴직 후 뭐하지?"였다. 결과는 대부분 두 부류로 나뉜다. 한 부류는 '구직을 하든지 아니면, 뭔가 일을 찾아 나서야 한다.'는 의지를 보이는 반면, 다른 부류는 '반평생 직장에 매어 지냈는데 이제 편히 살아야지.'라는 반응을 보인다. 또한 그들에게 요리를 비롯하여 취미 생활을 위한 교습을 제안하면 그 역시 두 부류로 나뉘는 건 마찬가지다. 전자는 배움에 적극적인 반응을 하지만 후자는 "아휴, 귀찮고 뭐 더 배울 게 있나?"의 식이다.

물론 개인적 성향 차이고 사정이 있겠지만, 그러한 제안을 상대에게 두 번 정도 하고 나면 그의 성향을 거의 명확하게 파악하게 된다. 그리고 그다음부터 그에게는 제안을 하지 않게 된다. 나 역시 그 자신이 아니기에 더 이상 할 말이 없지만 개인적으로는 좀 답답한 심정이 들 때가 있다. 이렇게 다변화되고 급변하는 현실에서 '뭔가 배워 두면 도움이 될 텐데…….'라고.

어쩌면 지구상에는 '배우려는 자'와 '배우지 않으려는 자'로 구분된다면 너무 과장된 해석일까? '배운다'는 의미에 대해 나는 이렇게 생각한다. 꼭 책상머리에 앉아서 배우는 수동적인 학습 차원을 떠나서 세상을 직시하고 홀로 살아갈 수 있는 자신만의 생존 전략이자 최선의 방책이라고 말이다. 배우는 대상은 남녀노소를 가릴 필요가 없으며 어떻게 보면 세상의 이치를 터득해 가는 생존 수단이라는 점이다.

개인적인 우스운 사례를 들겠다. 재직 중에는 대정부 업무차 서울로 출장을 자주 다니는 편이었다. 하지만 퇴직 후에 모처럼 첫 책 출간을 위해 출판사와 협의차 약 2년 만에 서울행 KTX에 몸을 실었다. 첫 책 출간을 앞둔 터라 나는 설레는 마음을 가라앉힌 채 차창 밖의 전원 풍경과 자연 경관을 바라보며 봄의 생경스런 축제에 빠져들었다.

잠시 후 서울역사에 하차하여 구내 햄버거 가게에 들렀다. 자주 애용하는 곳이지만 입구 우측에 키오스크(Kiosk)가 여러 대

설치되어 좀 당황스러웠다. 앞선 손님들의 대기선을 따라 내 차례가 되었다. 나는 자신 있게 키오스크 자판에서 메뉴를 선택하고 결제를 여러 번 시도했다. 계속 '에러' 메시지만 떴다. 그러기를 10여 분. 내 뒷줄에 선 사람들이 웅성거렸고 나 자신도 모르게 곧 종업원을 향해 항변을 할 찰나였다. 곧바로 주문대 맨 앞에 선 여종업원이 웃으면서, "고객님! 회원이세요? 아니시면 제게 바로 오세요!" 하는 게 아닌가. 나는 멋쩍은 듯 웃으면서 잠시 후 무사히(?) 햄버거를 먹을 수 있었다. 햄버거가게를 나오면서 순간 뒤통수를 맞은 느낌이었다.

몇 년 전 매스컴에서 70대 이상 10명의 노인들에게 신용카드를 건네주면서 고속도로 휴게소의 키오스크를 이용하여 식사 주문을 권유했던 방송을 보았다. 그들 중 아무도 그 사용법을 몰라서 식사하기에 어려웠다는 보도를 들은 기억이 생각났다(그중 한 명만 직원의 설명 덕에 30분 만에 식사 주문을 하게 됨).

"내가 그 꼴이라니……"

이를 계기로 '배움'은 꼭 천편일률적인 '학습'만이 아니라 한 사회와 공동체에서 기본적인 삶의 질을 누리기 위한 수단이 된 것이다. 어떻게 보면 생존하기 위한 정보 공유와 상호 소통 방법임을 나에게 재확인시켜 준 기회가 되었던 것이다.

KBS 제작팀이 출간한 『명견만리(明見萬里)』에는 '배움'에 대한 강력한 메시지를 다음과 같이 전하고 있다.

"현대 경영학의 아버지라 불리는 피터 드러커는 '현대사회는 지식의 세기가 될 것이며, 사람들은 끊임없이 배워야 하는 시대가 될 것'이라고 말했다. 그의 주장처럼, 지금 시대에는 한 번 교육받고 취직하여 40~50년을 계속 일할 수가 없다. 세상의 흐름은 더욱 급격해졌고, 기술 발전의 속도는 상상을 초월할 정도로 빠르기 때문이다. 이제 우리는 평생학습을 통한 평생 현역의 삶을 준비해야 한다."

나 역시 피터 드러커의 주장에 전적으로 동의한다. 배우지 않으면 자연의 순리에 따라 도태될 수밖에 없기 때문이기도 하다.

그렇다면 우리의 기나긴 노후에는 어떻게 될까? 답은 명료하다. 나를 포함한 독자들 역시 대부분 컴퓨터에 익숙하고 SNS를 비롯하여 상호 소통과 공유에 지금은 능통할 것이다. 하지만 향후 급변하는 시스템의 와류 속에서 순탄한 여정을 보낼 수 있을까? 항상 아내가 옆에서 밥을 챙겨 줄 수도 없거니와(남편이 챙겨 주는 집도 있으나 통상적인 일상으로 고려함), 성장한 자녀들 역시 우리를 실시간으로 보살필 수는 없는 시대에 우리는 살고 있다.

지금부터라도 간단한 식사 준비와 일품 요리법이라도 익혀 두자. 혹, 홀로 위급 상황이 닥칠 때 음성 녹음으로 119에 단축 버튼을 준비해 두어야 할지도 모른다. 주변에 궁금한 게 있다면 바로 찾거나 물어서 내 것으로 만들자. 결국 주변의 사소한 것이라도 눈여겨보고 귀 기울이면서 하나하나 새로 배워 가는 지혜가 노후 생을 조금 더 윤택하게 할 것으로 믿는다. 제발 집안일은 여성만의 전유물이라는 생각만은 이제 버리자! 혼자 할 수 있는 일은 스스로 하자는 것이다.

취미에 투자하라

취미는 인간만이 가진 특권이자, 지고한 혜택이다. 더불어 인간만이 두뇌와 수족을 활용하여 즐기는 놀이이자 생활의 일부인 것이다. 또한 처음 만난 상대라 할지라도 우리는 몇 마디 대화 후에 곧잘 상대의 취미를 의례적으로 묻기도 한다. 아마 본능적으로 상대와 친밀한 공통점을 찾기 위한 의도인지도 모른다.

우리가 흔히 말하는 취미는 표준 국어대사전에 의하면, '전문적으로 하는 것이 아니라 즐기기 위하여 하는 일'로 정의하고 있다. 대부분의 사람들이 나름의 취미를 갖고 다양한 레저 활동 등을 통해 친선 도모와 친교 활동을 하고 있다. 더구나 요즘에는 직장에서 동호회 활동을 적극 지원하는 프로그램까지 운영하고 있어 청신호로 느껴진다. 어떠한 이유와 동기였든 간에 우리는 대부분 상대와의 교류와 접촉을 통해서 취미 활동을 하고 있는 것이다.

하지만 '노후 생'이라는 대명제(거창할지 모르지만)하에서 이제는 '취미 활동'에 대한 개념과 방향을 조금 더 깊이 고려할 필요가 있다고 나는 주장하고 싶다. 남녀 간의 교제도 뭔가 상대에 대한 매력과 선호도가 있어야 자주 만날 수 있듯이, 취미 역시 자신이 좋아하고 그 순간 행복감을 느끼는 마력(?)이 존재해야 한다고 본다. 성취감까지 느낀다면 금상첨화가 될 것이다.

지금 자신의 취미를 재확인해 보자! 운동, 공예, 사진 촬영, 등산 등 아무래도 좋다. 가능하면 이제는 함께 즐기는 취미와 혼자 즐길 수 있는 취미를 발굴해 보자. 우리는 여태 살아오면서 자신이 좋아하는 것에는 시간 가는 줄 모르고 몰두할 수 있음을 너무도 잘 알고 있다. 직장에서의 스트레스와 갖은 가정사의 난관에도 불구하고 자신이 몰두할 수 있는 대상이 있다는 건 진정 다행스럽고 행복할 일이다. 그리고 나선 우리는 맑은 머리와 회복된 몸으로 출근길을 가볍게 나설 수 있다. 그것은 진정 우리 육신과 마음의 청량제이자, 촉진제 역할을 톡톡히 해냈기 때문이다.

나는 생각보다 멀고 먼 노후 여정을 보다 만족스럽게 영위하기 위해 두 가지 패턴의 취미를 권하고 싶다. 첫째는 상대와 함께 공유하는 취미는 지속하되, 금전적·신체적 여건 등을 감안하여 시한성을 두자는 것이다. 가령 예를 들자면 이렇다. 요즘 들어 남녀노소 가리지 않고 즐기는 골프 얘기다. 이는 초보 단계부터 레슨비를 포함하여 장비 구입과 필드 출전비 등이 만만찮은 스포츠다. 어느 정도 숙달되면 4명이 짝을 이뤄 필드에 나가게 된다(때로는 어쩔 수 없이 대열에 끼는 경우도 있다). 더러는 사업상의 이유로나 친분 관계 등으로 어울리지만, 노후 생에 있어서 그들과 마냥 즐길 수 있는 건 아니라는 점이다. 더구나 80대 이후에는 근력과 지구력, 금전적 측면 등으로 지속하기엔 무리수가 많다고 나는 생각한다(주변의 게이트볼장이 대안이 될 수 있다).

　둘째는 혼자 즐기고 몰두할 수 있는 취미이다. 우리 자신이 선호하는 것이라면 무엇이든지 고무적일 수 있다. 너무도 잘 알다시피 우리는 언젠가는 혼자가 된다. 불행히도 처자식마저도 운명의 장난은 우리가 막을 길이 없다. 그렇다면, 길고 긴 노후를 우리는 어떻게 보낼 것인가? 이제는 진정 취미에 시간을 투자하고 준비할 때가 된 것이다. 경우에 따라서는 소정의 교습비도 감수해야 할 일이다.

주변을 둘러보면 소액의 교습비나 무료로 운영하는 '평생학습 프로그램'이나 재능 기부형 교육 등이 우리를 반길 것이다. 그 대상이 목공이든, 요리 강습이든 악기 연주든 지천에 널려 있다. 혹 독자들도 알고 있겠지만, 컴퓨터 검색창에서 원하는 '유튜브'를 활용할 수 있다. 또한 'Pinterest'를 접속하면 광대한 범위의 취미 활동을 소개하며 자신만의 취미의 세계를 구축할 수 있다(몇 번 접속하면 관심 대상 취미를 심도 있게 소개하는 장점이 있으며, 내가 많이 활용하는 사이트임).

자! 이제 우리의 긴 여정을 위해 취미에 시간을 투자하자! 자신만의 비밀의 방을 찾아 간혹 자신도 토닥이고 오붓한 만족감으로 노후를 준비하자. 항상 그 방은 우리를 반겨 줄 터이니……

뭐든 배움의 효과를 즐기라

우리 인간은 왜 배우는가? 참으로 근원적인 질문이다. 하지만 한 번쯤 되새겨 볼 필요가 있는 화두가 아닌가 싶다. 태어나면서부터 말을 배우고 대소변을 가리는 법을 배우고 나면 본격적인 교육(?)에 입문하게 된다. 요즘에는 4세부터 영재교육에

열을 올리는 부모도 있다니, 개인적으론 한숨이 나오기도 한다. 결국 배우는 학습의 과정은 세상을 살아가는 데 불편함이 없고 보다 나은 삶을 영위하기 위한 인간의 원초적 본능일지도 모른다.

우리는 통상적으로 법적 내지 제도화된 교육을 근간으로 초등교육과 중고등교육, 그리고 대학교육 등을 통하여 직장에 입문하게 된다. 입사하면 직무 현장교육(OJT, On the Job Training)이나 직무 외 교육(Off-JT, Off the Job Training) 외에도 법정 교육 등 다양한 교육을 받게 된다. 또한 퇴직 전에 은퇴 후 설계를 위한 노후 대비 교육을 받기도 하며 직장을 떠나게 된다. 일반적인 직장인들의 생애주기(life cycle)이다.

그러나 막상 퇴직 후 직장 문을 나와 뭔가 시도하려고 하면 마땅히 할 만한 일이나 소일거리조차 생각나질 않는다. 마치 유아기에 엄마 품에서 나와 새로운 길을 걷는 것처럼. 바로 이 책의 서문에서 언급한 '실존적 공허(existential vacuum)'를 느끼는 것이다. 우리 자신의 생의 목표를 되찾고 이에 부응할 소일거리, 즉 취미를 살려야 할 중요한 시점이다. 평소에 해 오던 취미 생활도 다시 재검토해야 할 시기이기도 하다. 왜냐하면, 향후 나의 노후 생과 함께 동행할 만한 가치가 있어야 하고 내가 즐거워야 하기 때문이다.

앞에서 언급했지만, 상대와 어울리지 않고서도 혼자의 시간을 즐길 수 있는 것을 말함이다. 그게 있다면 다행이지만 적당한 대상이 없다면 나의 내면에서 찾아내야 한다. 만약 현재 내가 하고는 싶지만 모르기 때문에 할 수 없다면 배움의 문을 두드려야 한다. 이제는 배움의 대상과 관점을 달리할 중요한 시기이기 때문이다. 가능하면 언제든지 우리 자신과 함께할 수 있고 즐거운 마음으로 성취감을 느낄 수 있는 것이라면 금상첨화일 것이다. 요즘에는 자신의 의지만 있다면 정보 공유와 습득이 매우 용이하다. 주변의 지기들과 대화하다 서로 막히면, "네이버나 구글에게 물어봐!"라고 웃어넘기질 않는가?

뭐든 배움의 효과를 즐기라. 하나하나 배우다 보면 알아 가는 즐거움과 더불어 우리 생활에 접목하는 방안도 고려하게 된다. 이어서 지적 호기심이 발동되어 자신만의 창의력을 발휘하는 절호의 기회를 자주 만나게 된다고 나는 믿는다(나는 실제 체험을 통해서 나 자신도 모르게 아이디어를 얻는 경우가 많았다). 우리의 뇌는 손과 더불어 동시 작동하는 천혜의 보고이기 때문이다.

우리 인간은 배울 때 집중력이 가장 뛰어나다고 한다(더구나 자신이 원하는 것이라면 더욱더). 간혹 살아가다 예기치 않은 불행이나 난관에 부딪친다 해도 우리가 몰두할 수 있는 배움의 대상과 취미가 함께한다면 심신의 긴장을 풀어 주고 큰 위안과 평안함을 부여할 것으로 믿는다. 이제 배움이 우리 생활의 일부가 된다면 우리들을 취미로 안내하는 영(靈)적 친구가 될 수 있음에 틀림없다. 결국 우리의 노후를 '실존적 충만함'으로 인도할지도 모른다.

지금 바로 배움의 문을 두드리자! 그런다면 동질감을 느끼는 친구 또한 쉽게 사귈 수 있을 것이다.

두 그루의 나무를 심자

우리는 어린 시절부터 '배워서 남 주나?'라는 말을 흔히 들어왔다. 부모와 학교 은사님들로부터 주로 들은 그야말로 꼰대 같은 훈계였다. 더구나, 배움과 학습은 대체로 '시험'이라는 복병을 항상 수반하기 때문에 우리는 배움에 대한 트라우마가 있는지도 모른다. 바로 부담감이다. 하지만 우리 자신의 여생을 위한 배움에의 투자는 앞서 언급한 사항과는 사뭇 다르다. 즉, 부담감이 훨씬 준다는 사실이다. 왜냐하면, 나의 노후 생을 영위함에 있어서 내가 원하는 대상을 배우게 되기 때문이다.

결국 이러한 배움은 남에게 평가받음을 전제로 하는 것이 아니다. 우리 자신의 미래를 위한 자양제 역할이자, 노후 생에 있어서 기본적으로 함께 대처할 도구가 되어 준다. 그러니, 이제 배우는 데 필요한 시간 투자에 인색하지 말아야 한다. 보다 적극적이고 더욱 겸허한 자세로 배움을 맞이하자. 이러한 태도는 젊은 세대를 포함하여 주변인들에게도 귀감이 될 수 있다.

　이러한 측면에서 독자들에게 제안하고 싶은 것이 있다. 바로 두 그루의 나무 심기를 실천하는 것이다. 한 그루는 우리의 주변에 나무를 심는 것이다. 수종은 비싸지 않은 자생력이 좋은 것이면 된다. 별도의 영양분이나 거름을 주지 않고 물만 줘도 잘 크는 것이라면 안성맞춤이다. 그게 화초든 묘목이든 우리가 바라볼 수 있는 장소라면 더욱 효과적일 것이다. 바로 식물의 생육 상태를 매일 관찰할 수 있고 부담 없는 유지ㆍ관리가 되어야 지속적으로 키울 수 있기 때문이다.

　'그 의도는 무엇일까?'라고 독자들은 궁금할 것이다. 한 가지, 나의 사례를 들겠다. 나는 식물 재배를 좋아한 취미 덕에 젊은 시절부터 베란다에 몇 가지 화초와 관상수들을 키워 오고 있다. 간혹 화분의 나무들을 전정하다가 우연히 꺾꽂이용으로 다른 화분에 심어 본 경험이 많았다(지금도 그렇다). 처음에는 시험 삼아 시도했지만, 식물이 살아나는 것을 체감하면서 야릇한 즐거움을 느끼게 된 것이다. 또한 최소한의 양분과 물로서 그들을 살려 내기 위해서는 기다림의 철학이 필요했다고나 할까? 매일 아침에 기상과 더불어 그들을 바라보면서 느끼는 인내 또한 배운 것이다.

결국 2~3주가 지나면 대체로 그들은 귀여운 싹을 틔우기 시작하였다. 그 순간의 경이로움과 기쁨은 나의 일상에 작은 성취감과 더불어 하루하루의 활력소가 되었다. 독자 여러분들도 더러 화초를 키워 본 경험이 있다면 나와 똑같은 경험을 했을 것이다.

이제 한 그루의 나무를 심는 의문에 대한 정답을 짐작하리라 믿는다. 바로 매일 끊임없이 생육하는 식물의 생태 체험을 통하여 배우자는 의도이다. 이로 인해 우리 자신이 얻는 반대급부는 개인별로 더욱 다양할 수 있고 배가될 것이다. 바로 자연에 대한 사랑과 애착, 자신에 대한 위로와 격려, 그리고 생활의 활력소가 되는 장점이 있다. 하찮은 화초 한 포기를 우습게 생각해서는 안 된다는 사실도 우리에게 적지 않은 배움을 주는 것이다.

두 번째 나무는 무엇일까? 독자들은 무척 궁금할 것이다. 바로 우리 자신의 마음속에 한 그루의 나무를 심는 것이다. 수종은 개인별로 다양하게 선택할 수 있다. 활엽수든 침엽수든 한낱 화초라도 상관없다. 심는 자의 선택이자, 의도가 중요하기 때문이다. 나 자신을 위한 미래의 '꿈나무'를 심자는 것이며 새로 시작한다는 의미를 부여함이다. 소싯적 어린 시절에 질리도록 들었던 멘트로 치부할 수도 있을 것이다. 그러나 결코 그렇지 않다. 그것은 누구와도 바꿀 수 없는 우리 자신만의 노후 생의 상징수(象徵樹)를 키워 가는 것이기 때문이다.

이제 우리는 그 나무를 마음속 깊숙이 심고 나서 의미를 부여만 하면 된다. 어떤 의미를 부여할까? 더 나은 내일을 꿈꾸는 나무! 자신이 그토록 원했던 대상이나 목표라면 충분하고 적격이지 않을까?(저자의 책, 『노후 맑음』의 '나만의 노후설계안'이 참고가 될 수 있다) 바로 우리의 노후 여정을 함께하면서 분신처럼 가꾸고 이룰 수 있는 것이면 더욱 좋을 것이다. 비록 시작은 미진할 수 있으나, 해가 거듭할수록 탄탄해지며 가시적인 모습으로 어느 날 우리에게 성큼 다가올 테니 말이다.

그러기 위해서는 우리는 눈앞에 놓인 식물을 바라보면서 배우고, 자신의 마음속에 각인된 또 한 그루의 나무를 키우기 위해 인생의 배움의 길로 나서야 한다. 왜냐하면 배움에의 투자는 우리를 속이지 않고 새로운 세계를 열어 주는 열쇠가 되기 때문이다. 오늘부터 한 그루씩 심어 보자! 그 결과를 나는 확신한다.

[요약정리]

■ 젊어서부터 노후를 면밀하게 대비하시라! 금전 관리의 비법
  은 따로 없으나, 미리 장기성 연금제도의 활용이 대안이 될
  수 있다.

■ 돈, 부동산과 주식 투자의 포트폴리오의 정석은 없다. 해답
  은 우리 자신에게 있다는 사실을 잊지 말자! 어느 분야든 투
  자(投資)는 남에게 돈을 맡기는 개념이지, 항상 우리 손안에
  요행으로 돌아오지 않는다는 점을 명심하자. 노후에는 더욱
  더 그렇다!

■ 노후에는 시간벌이를 할 시기이다. 매일 하루 일정을 오전에
  는 맑은 정신으로 집중할 수 있는 일로, 오후에는 여유롭게
  실천할 수 있는 취미 활동이나 소일거리로 짜 보자. 돈벌이
  에만 매달리며 심사가 불편한 것보다 시간을 활용하여 우리
  생을 충만하게 할 때가 된 이유이기도 하다.

■ 우리의 노후가 외롭지 않고 행복하려면, 그 방안은 생각 외
  로 쉽다. 상대에게 돈을 쓰는 것보다 상대에게 시간을 쓰는
  것이 중요하다. 결국 상대의 마음을 읽고 긍정하는 습관이

주변의 친구들을 얻게 한다.

- 피터 드러커가 강조했듯이, 이제 우리는 평생학습을 통한 평생 현역의 삶을 준비해야 할지도 모른다. 바로 '제3연령기'의 삶이자 운명이다. 결국 주변의 사소한 것이라도 눈여겨보고 귀 기울이면서 하나하나 새로 배워 가는 지혜가 노후 생을 조금 더 윤택하게 할 것으로 믿는다.

- 취미를 두 가지 패턴으로 활용하자. 하나는 상대와 즐길 수 있는 유형, 또 하나는 혼자 즐기고 몰두할 수 있는 취미이다. 노후에는 진정 취미에 시간을 투자하고 준비할 때가 된 것이다.

- 뭐든 배움의 효과를 즐기라. 하나하나 배우다 보면 알아 가는 즐거움과 더불어 우리 생활에 접목하는 방안도 고려하게 된다. 배움이 우리 생활의 일부가 된다면 우리들을 취미로 안내하는 영(靈)적 친구가 될 수 있음에 틀림이 없다.

- 노후에는 두 그루의 나무를 심자! 우리는 눈앞에 놓인 식물을 바라보면서 배우고, 자신의 마음속에 각인된 또 한 그루의 나무를 키우면서 자긍심과 회복탄력성으로 무장하게 된다.

취미와 관계는 노후 생의 동반자

"사랑하는 사람에게 할 수 있는 가장 나쁜 일은 그들이 할
수 있고 해야 할 일을 대신해 주는 것이다."

– 에이브러햄 링컨

"있다고 다 보여 주지 말고, 안다고 다 말하지 말고, 가졌
다고 다 빌려주지 말고, 들었다고 다 믿지 마라."

– 윌리엄 셰익스피어

1장

취미는 노후의 친구

노후에는 아무도 놀아 주지 않는다

최근 들어 노년기의 여가 활동에 대한 관심이 증대된 지 오래다. 이 또한 사회적 문제로까지 부상하고 있다. 과거에는 결혼한 자녀들이 손주를 낳게 되면 으레 그렇듯이 부모는 육아를 마다하지 않았다. 당연지사로 여겼을지도 모른다. 무릎에 앉혀 놓고 재롱부리는 모습을 즐기며 소일거리를 삼은 적이 많았다.

요즘에는 자식의 손주들마저 명절 때나 잠시 보든지, 아니면 아예 그들을 떠맡아 위탁보모(?) 역할을 해 주는 시대의 촌극이 다반사이다. 안전하게 유아를 돌본다는 장점(?)도 있겠으나 그 일 또한 노후에는 중노동 이상의 체력과 정신력이 요하는 작업이기도 하다. 또한 자녀들에 대한 평등한(?) 내리사랑 때문에 그들의 간곡하고 지속적인 부탁을 거절하지 못하기도 한다. 수

년 이상을 허리 빠지도록 보모 역을 맡는 경우도 상당한 게 현실이다. 이렇게 한동안 노후를 보내고 나면 허리 병에 육신은 천근만근이며 70대 중후반에 이르게 된다.

이렇듯 우리는 노후에 혈육지정을 외면하지 못해 손주에 대한 보육 활동에 충실한 역할을 하고 있는 것이다. 그렇다면 우리의 노후는 어떻게 기대할 수 있는가? 자식과 손주들을 위해 헌신적으로 돌봐 준 보람은 있겠지만, 이미 육신은 늙어 가고 노후의 앞날 또한 막막해지는 것이다.

과거 내가 자녀를 양육하던 시절이 생각난다. 30여 년 전 아내와 결혼하여 맞벌이를 하면서 딸과 아들을 두게 되었다. 첫딸을 낳자, 장모님이 보육을 해 주시겠다는 제안에 우리 부부는 완곡히 거절하였다. 장모님에 대한 보육의 짐을 덜어 드리고 우리 힘으로 키우겠다고 아내와 사전 합의를 했기 때문이다.

당시 젊은 나이였지만, 경험하지 못했던 맞벌이 생활은 생각외로 만만치 않았다. 더구나 아내는 관외의 학교로 통근을 했었기에 나는 부득이 승용차로 대전역까지는 운전하는 수고를 해야만 했다. 아침 기상과 더불어, 식사와 출근 준비, 그리고 아이들을 보육시설에 맡기는 시간과 과정이 난제였다. 세 살 정도까지는 지인의 소개 덕분에 신실(信實)한 보모를 두게 되어 정성스런 배려를 받았다. 지금도 감사하게 생각한다.

문제는 그 이후였다. 당시에는 놀이방이나 보육 시설이 정착되지 않은 터였다. 겨우 인근 보육시설을 물색하여 그곳에 맡기고 우리 부부는 출퇴근을 해야 했다. 맡기는 첫날, 울면서 부모에게서 떨어지지 않으려는 딸애를 뒤로한 채, 우리는 출근을 위해 무거운 발걸음을 돌려야 했다. 퇴근 후, 놀이방에 가 보니 온종일 굶은 채, 얼굴은 눈물과 땀으로 흠뻑 젖어 있었다. '이런! 이렇게까지 맞벌이를 해야 하나!'라고 자책하면서 딸을 부둥켜안은 기억이 새롭다. 하지만 속절없는 딸에게 부부는 애써 사정을 얘기하고 설득(?)시켰다. 아이는 하루하루 적응해 나가기 시작하였고 웃는 낯으로 퇴근길을 반겨 주었다. 다행히도 놀이방에서 친구를 사귀고 나름 자립심이 생겨남을 느낄 수 있었다.

　이후 태어난 아들 역시 유사한 육아 과정을 통해 놀이방에 맡기다 보니, 딸이 동생을 챙기면서 남매간의 우애도 돈독해짐을 알 수 있었다. 집에 돌아오면 우리 부부는 최대한 애들을 위해 애정 표현과 관심을 갖는 것이 최선의 도리라고 생각하고 실천하였다. 인생사 매사가 그렇듯 모든 게 좋거나 나쁘지만은 아님을 체험한 중요한 교훈이 된 셈이다. 지금도 성인이 된 남매는 집에 오면 뭐가 그렇게 재미있는지, 밤새도록 둘이 도란도란 대화하는 모습이 대견하고 부럽기도 하다.

　이러한 나의 육아 사례를 구구절절 언급한 이유가 있다. 노후에 자녀의 손주에 대한 육아 문제는 각자 선택의 문제일 것이다. 하지만 나의 경우 당시 보육 인프라가 충분치 않았지만 젊은 열정과 부부애를 토대로 육아 문제를 슬기롭게 해결하였다. 물론, 우리 부부는 당시 매일이 전쟁 같기도 했다. 더불어 당시 나는 외지에 소재한 대학원에서 석사 학위 과정 중이었다. 힘든 실험을 마치고 늦게 귀하던 중 교통사고로 몇 달간 병원 입원 치료를 받기도 하였다. 지금 생각하면 어떻게 이겨 냈는지 아찔하기도 하지만, 결국 육아 문제 해소와 석사 학위를 손에 거머쥐게 된 것이다.

요즘에는 우리 주변에 보육시설과 인프라가 나름 체계적으로 구축되어 있으며, 직장의 경우 복지 차원에서 운영하는 신뢰할 만한 보육원 또한 증가하는 추세이다. 옛날보다 훨씬 보육 문제가 제도적으로 수월해졌다는 걸 나는 말하고 싶은 것이다.

노후에는 아무도 놀아 주지 않는다. 그렇다고 요즘 세태에 설령 키워 준 손주도 우리와 놀아 주지 않는다. 손주의 보육도 인생사 중 매우 중요한 일이다. 하지만 우리는 자신의 노후 문제가 어느 무엇보다 중요하다는 사실을 간과해서는 안 된다. 좀 더 우리 노후의 현주소를 파악하고 자신을 냉철히 들여다보면서 장기간의 전략을 구상해야 함을 강조하는 것이다. 나와 배우자의 건강 상태, 친구 관계, 그리고 특히 나와 함께 놀아 줄 소일거리와 취미를 찾아 나서야 할 때, 바로 지금이다!

운동 취미는 일거양득: 기본형과 주특기형의 조합

대체로 나이가 들어가면서 건강에 관심을 보이지 않을 수 없다. 몸의 어느 구석 하나 소홀히 지나칠 수 없는 시기가 된 것이다. 직장 재직 시에는 매년 정기적으로 검진을 받으니 자신의 건강 상태를 체크할 수 있지만, 퇴직 후나 자영업의 경우에는 별도로 신경 쓰지 않는 한, 몇 년을 그냥 넘기기 쉽게 된다. 그러다 갑자기 이상 증상이 생겨 병원 진료를 받게 되면 간혹 '사형 선고(?)' 같은 지병이 어느새 우리를 엄습하여 곤란지경에 빠뜨리기도 한다. 후회해도 이제는 소용없는 상황이다. 결국 보약을 달여 먹는 것보다도 주기적인 건강검진으로 평소에 자신의 몸을 관리하고 대비함이 노년기에는 무엇보다도 중요함을 알리는 신호등 역할이 될 것이다.

우리 몸의 적신호는 대부분 과유불급(過猶不及)에서 비롯된 경우가 많다. 몸으로 들어오는 음식과 생활 습관이 그 주요 요인이라고 의료 전문가들은 이구동성으로 말한다. 또한 음식을 어떻게 먹느냐도 중요하지만, 전문가들은 대부분 운동 부족을 그 주요 원인으로 강조하고 있다. 그만큼 우리에게 운동은 생명

력을 건강하게 유지하기 위한 필수 영양소라고 해도 과언이 아
닌 것이다.

그렇다면, 우리는 어떤 운동을 어떤 방식으로 해야 하는가?
나는 의사도 아니고 체육 전문가도 물론 아니다. 단지 노후 생
의 밑거름이 될 운동의 방식을 나의 경험에 비추어 독자들에게
권유하는 것이다. 바로 두 가지 운동 방식이다. 기본형 운동과
주특기형 운동을 병행하자는 취지로 이해하면 될 것 같다.

기본형 운동은 아침 기상과 더불어 자신의 신체 상태를 읽고
워밍업(Warming up)을 하는 이완 운동을 말한다. 가벼운 스트레
칭을 통해 관절을 풀어 주는 것이다. 더불어 근력 운동을 추가
해야 함을 강조하고 싶다. 이를 위해서는 집에서 아령이나 덤벨
을 이용하거나 스피닝 바이크(Spinning bike)로 운동량을 충분히
채울 수 있다. 나의 경우는 이러한 운동기구를 보유하고 있으나
나태함을 극복하기 위해 일주일에 3일을 정해 놓고 연회원으로
동네 헬스장을 이용하고 있다. 이러한 근력 운동은 우리의 노후
를 지탱해 주는 기본적인 근력 운동이기에 첫 번째로 강조하는
것이다.

두 번째로 주특기형 운동이란 자신의 취향과 취미에 맞는 야
외에서의 운동을 말한다. 남과 어울려서 할 수 있는 운동이라

면 친교 차원에서도 좋을 것이다. 여기서 수많은 운동을 일일이 나열할 수는 없으나 요즘에는 지자체별로 활성화시키는 게이트볼이 대안이 될 수 있다. 또한 지자체별로 홈페이지에 특성화된 운동 프로그램도 운영하고 있는 점도 관심을 가질 필요가 있다. 그 외에 심신 수양을 지향하는 요가나 음악과 더불어 경쾌함을 안겨 주는 스포츠 댄스도 추천할 만하다. 성향상 남과 어울리는 데 부담이 있다면 산행 역시 다양한 대상의 산을 대상으로 혼자 즐길 수 있는 운동의 일환이 될 것이다.

다만, 독자들에게 가장 권하고 싶은 노후의 운동으로 국궁을 추천한다. 나의 첫 책인 『노후 맑음』에서도 언급한 바 있지만, 거주지 인근에 소재한 국궁장에서 심신 수양과 단련을 할 수 있기 때문이다. 소정의 평생 입회비(지역별로 30만 원 내지 50만 원)로 등록하고 매월 2~3만 원의 회비만 지불하면 전국에 소재한 400여 곳의 국궁장을 무료로 이용할 수 있는 편리함과 장점이 있다.

등록 후 2~3개월(국궁장별로 조금 다를 수 있음) 정도 근력을 다지는 수련 과정을 거쳐 사대식(射臺式)을 치른다. 공식적인 궁사가 되는 의례식이다. 그러한 수련 과정에서 국궁장 내의 사범이 무료로 지도해 주는 점 또한 대단한 장점이기도 하다. 이와 더불어 동절기를 제외하고 거의 매주 전국 궁도대회가 개최

되므로, 자신의 기량을 발휘할 수 있고 등참(等參) 시 상장과 상금까지도 받을 수 있는 일석다조(一石多鳥)의 운동이다.

이러한 두 가지 유형의 운동은 분명코 우리 노후 생의 초석이 될 것이며 생활의 활력소가 될 것으로 믿는다. 건강을 유지하고 친교를 통한 삶을 즐기는 혜택이 우리를 기다리는 것이다. 하루하루 미루지 말고 지금 당장 시작하자! 미루다 보면 어느새 우리의 육신과 노후는 시위를 떠난 화살과 같을 것이니……

취미는 노후 생의 친구

우리는 대부분 퇴직을 전후로 그동안 직장과 자녀의 양육 등에 매달려 열정을 소진해 왔다. 불현듯 자신에 대한 보상심리가 드는 것은 어쩌면 당연할지도 모른다. 하지만 퇴직 후 해외여행도 다녀 보고 친구들과의 주기적인 모임 약정(?)에도 불구하고 왠지 무료함이 찾아올 때가 있다. 몇 개월이 지나고 나면 기나긴 노후 생을 보낼 생각에 잠 못 이루기도 한다. 어떤 때는 루틴한 하루하루에 식상해하기도 한다.

왜일까? 이제 내 마음대로 살아가면 될 텐데 말이다. 시간이 흐를수록 부담 없고 자유롭게 느껴졌던 노후 생활이 점점 자신을 누르고 있는 듯한 심정이다. 그렇다고 집에만 붙어 있자니, 사소한 일로 배우자와 갈등과 싸움거리만 생기기 십상이다. 그동안 소원했던 친구에게 연락하여 회포도 풀어 보고 평소 좋아했던 나름의 소일거리도 찾아보건만 막상 입맛에 맞는 것조차 생각나지 않는다.

아마도 이런 상황은 거의 누구나 겪는 경험일 것이다. 평소에 자신 나름의 취미거리가 없는 경우라면 더욱더……. 노후 생에 있어서 권태기가 도래한 것이다. 자신에게 시간 활용의 권한이 부여되었으나, 이를 활용할 목적과 대상이 부재하기 때문이다. 우리는 이 시기를 현명하게 잘 극복해 내야 한다.

나의 경우는 작년에 96세로 작고하신 부친의 무료함 때문에 한참 동안 서로가 힘들게 지냈던 기억이 역력하다. 원로 시인으로서 90대 초반까지 시 작품 활동을 하셨건만 부친 역시 생의 무료함을 자식인 나에게 호소하시곤 하셨다. 하지만 당신 생의 무료함은 자식으로선 도저히 해결할 수 없는 문제였다. 부친의 삶을 대신 살 수도 없을뿐더러 몇 가지 취미 생활을 권유했지만 여러 가지 이유로 마땅치 않으셨던 것으로 기억한다. 이제는 고령에 기력이 없으셔서 의지 또한 생기기 어려웠을 수도 있다. 그러니, 우리는 미리 준비하고 실천해야 할 필요가 있다.

이제 우리는 다행 중 불행(?)인지 모르나 의료시스템과 복지 환경의 호전으로 인해 향후 더욱더 오래 살게 될 것이다. 그렇다면 그 긴 시간을 어떻게 보내고 의미 있게 살 것인가를 한 번쯤 자문해 볼 시점이 된 것이다. 그 대안으로서 나는 자신만의 취미 생활을 발굴하여 노후의 친구로 사귀자는 것을 강력히 권한다. 개인별로 취향과 성향에 따라 취미 생활의 범주는 너무도 넓고 다양할 수 있다.

하지만 그동안 누렸던 취미 생활도 한 번쯤 재점검해 볼 필요가 있다. 금전적 투자 효과와 지속성 여부를 비롯하여 자신에게 최적한 취미를 탐구하는 것이다. 그 이후 자신에게 적합한 취미에 적극 몰입하자는 의도인 것이다. 배우자와 함께할 수 있다면 금상첨화이다. 남과 비교할 필요도 없고 남을 의식할 필요조차도 없다. 나 자신이 좋아하고 만족감을 느낀다면 그만이다. 취미 생활로 인한 가시적인 성과물이 양산된다면 더할 나위가 있겠는가! 또한 그로 인해 보람을 느낌과 동시에 남까지 도울 수 있다면 재능 기부도 가능하리라 믿는다.

우리는 예전과는 현격히 다른 사회 환경 속에서 살고 있다. 다양한 매스컴의 접근성과 사회 소통체계(SNS) 및 유튜브 등이 대표적인 예이다. 이를 통하여 우리가 원하는 정보는 언제든지 습득할 수 있다. 그중에는 취미 생활을 통하여 인생을 배우고 인생 역전을 통해 명인과 달인의 경지에 오른 사람들을 심심찮게 봐 온 터이다. 또한 취미가 노후의 진정한 밥벌이가 된 사례도 적지 않다. 그렇다면 우리는 '취미'에 대한 개념과 생각 자체를 긍정적이고 적극적인 관점에서 재조명할 필요가 있다. 이젠 취미 또한 남녀노소를 가릴 시대도 아니다. 무엇이든 좋아서 하는 취미라면 마침내 우리에게 기대 이상의 성과물과 선물을 안겨 줄 것으로 믿기 때문이다.

이번 기회에 아래 기술한 내용에서라도 한번 눈여겨 살펴보고 찾아보자(식상할지 모르지만, 동기 부여 차원에서 사례로 소개함). 만약 구미가 당기는 게 있다면 바로 지금 본장의 끝에 마련된 공간에 작성하여 실천해 보자(첨부 2). 분명 동기 부여가 될 것이며 곧이어 절친이 될 수 있다.

- 목공 및 공예 분야: 목공, 목각, 서각, 가죽 공예, 한지/종이 공예, 지점토 공예

- 미술 분야: 그림(수채화, 유화), 판화, 조각, 조소 등

- 음악: 기타, 오카리나, 하모니카, 팬푸릇, 색소폰

- 저술 활동 및 강연: 책 쓰기 등 작품 활동, 세바시 출연

- 요리: 한식, 중식, 일식, 분식, 브런치 등

- IT 분야: 유튜버, 전자제품 수리

■ 실내 조경: 화초 가꾸기, 식재 디자인 및 시공 등

상기한 취미 분야 중 특히 독자들에게 권하고 싶은 분야가 있다(굳이 취미라고 하기엔 부적절할지도 모르지만). 저술 작업이다. 누구나 인생의 뒤안길에 접어들면 '책 한 권'을 쓰고 싶어 한다. 자신의 생을 돌아보며 삶의 진수를 응축시킨 책이다. 인생살이 버킷리스트 No.1이 된 지 오래다. 하지만 대부분의 사람들은 책 쓸 엄두를 내지 못하거나 남의 얘기로만 생각하기 십상이다.

나 역시 그랬다. 나의 첫 책『노후 맑음』이 세상에 선을 보이는 데는 약 3년의 시간이 필요했다. 퇴직 예정자를 대상으로 직장에서 배려해 준 '저술 과정' 교육 프로그램에 부담 없이 참가했다. 당시에는 적극적으로 책 쓸 의도도 없었다. 하지만 교육과정 중 마음의 저변에서 서서히 꿈틀거리는 의지를 발견하게 된 것이다. 그리고 "꼭 써야겠다!"는 결정을 하는 데는 오랜 시간이 걸리지 않았다. 물론 한 권의 책을 쓴다는 작업은 결코 쉬운 작업은 아니다. 하지만 인생 여정에서 '한 권의 책'을 쓴다는 것은 어느 무엇보다도 의미 있는 작업이자 이타적인 성과물로 나는 판단한다.

혹자는 그런다. "책을 아무나 쓰나? 난 안 돼!"라든가, "나는 글재주가 없어서.", "난 별로 내세울 게 없어!" 등등의 사연과

변명(?)을 늘어놓는 경우가 다반사다. 내가 판단하기엔 모두 정답이 아니다. 아무나 쓸 수 있는 것은 아니지만, 누구라도 쓸 수 있다. 안 쓰기 때문에 못 쓰는 것이다. 독자들에게 다시 강조하지만, '책 한 권' 쓰기에 도전하시라! 진정한 자신을 만나게 될 것이며 나의 또 다른 세계를 구축할 수 있다. 그리고 책대로 살아가면 될 것이다. 그 결과물은 이타적인 성과물로 이 지구상에 남는 유산 또한 될 것이기에 더욱 그렇다.

나는 취미의 정의를 틀에 박힌 사전적 의미로만 해석하고 싶지 않다. 왜냐하면, 우리 자신이 우선적으로 좋아하고 끌리는 '그 무엇'이 있다면 모두 취미의 범주에 넣고 싶기 때문이다. 결국 취미는 자신의 분신이자, 진정한 친구이다. 혼자 할 수 없다면, 전술한 바와 같이 저렴한 강습비를 투자하여 주변의 평생교육원에 문을 두드리자. 이 기회를 통하여 우리는 각자 맞춤형의 친구를 만날 수 있으며, 함께 배우는 또 다른 친구들을 사귈계기가 되리라 믿는다. 이와 더불어 우리는 그들로부터 새로운 정보를 얻을 수 있으며 점점 자신의 친구인 취미와 우정을 돈독하게 될 것이다.

우리가 살아가면서 지치고 힘든 고비를 만날 때, 몰입을 통하여 심적 안정과 더불어 성과물까지 선물하는 또 다른 나를 찾아가는 것은 어떤가?

취미가 여행을 만나면 : 한 달 살기 프로그램

우리는 간혹 현 거주지를 멀리 떠나 여행하기를 갈망한다. 평소에 가고 싶은 곳이나 머리를 식힐 만한 장소를 마음속에 간직한 채 떠날 그날만을 손꼽아 기다리는 것이다. 마음에 맞는 상대나 연인이라면 더더욱 분위기는 고조된다. 집 나가면 고생이라는 사실도 망각한 채, 항상 그렇다.

현실로부터 일탈이자 낯선 곳에 대한 경외감이다. 어쩌면 우리는 단지 마음의 안정과 휴식만을 위해서 떠난 여행만으로도 충분할지 모른다. 하지만 여행을 떠나기 전에 내가 좋아하는 취미를 싣고 떠나면 어떨까? 출발 전에 사전 조사에 조금 신경을 쓴다면 말이다. 그 대상은 개인별로 무척 다양하고 광범위할 수 있지만, 여행 일정과 마음의 여유를 그르지 않을 정도면 좋지 않을까 싶다.

나의 경우는 3년 전부터 아내의 소개 덕분에 국내 군 소재지를 대상으로 '한 달 살기 프로그램'에 참가해 오고 있다. 대략 일년에 2회 정도로 타 지역에서 며칠간 머무는 것이다. 간단히 소개하자면, 매년 초(대부분 2월 정도) 거주지 외의 전국 군 소재지에서 지역 경제 활성화와 홍보의 일환으로 '한 달 살기 프로그램'을 오래전부터 운영해 오고 있다. 남녀노소 누구나 일정 기간

(대략 2일부터 29일까지)의 여행을 통해 소감과 체험 활동을 하는 것이다.

여정이 끝나면 사회 정보망(SNS, 페이스 북이나 인스타 그램 및 개인 블로그 등)에 몇 장의 사진과 느낌을 게시하면 된다. 이후 숙박비와 체험비 등 소정의 홍보지원비를 짭짤하게 받을 수 있다. 참가 신청은 해당 군 홈페이지의 신청게시물이나 관광홍보과(군별로 명칭이 조금씩 다름)로 문의하면 친절하게 안내받을 수 있다. 여행 기간과 방문 장소 등 모든 일정은 참가자가 자유롭게 선택하여 신청하면 된다. 이후, 해당 군에서 소정의 심사를 통해 여행에 참가하는 자유여행 방식이다.

나의 사례를 소개한 이유는 우리가 갖고 있는 취미 생활을 극대화하고 특성화하기 위한 장점이 있기 때문이다. 여행을 하면서 자연환경과 명소 등에 대한 체험과 감응도 좋지만, 그에 부가하여 자신의 취미를 접목시키자는 의도인 것이다.

앞서 언급했듯이 나는 국궁의 취미를 가진 터라 한 달 살기 프로그램에 참가 시 추가로 국궁장을 방문하여 활을 낸다. 해당 군 소재지의 국궁장을 미리 조사하여 여행 일정에 무리가 없는 범위 내에서 지역 명소의 홍보는 물론, 개인적 취미 생활도 즐기는 일석이조의 효과를 누릴 수 있다. 대부분 해당 군에서는 국궁장에 대한 홍보가 아직은 미진하지만, 국궁의 저변 확대와 홍보 차원에서도 보람을 느낀다고 할까? 또한 해당 군 소재지의 국궁장을 방문하면 외지에서 방문한 사우(射友)로서 반겨 주며 숙박지와 여행 일정 등에 대한 신선한 깨알 정보를 얻을 수 있는 장점도 큰 몫을 한다.

세상은 생각보다 좁고 넓기도 하다. 우리의 인생길 또한 길 수도 있지만 짧을 수도 있다. 기왕 취미를 살리려면 외연 확장에도 신경을 써 보는 게 우리의 노후 생에 더욱 도움이 될 것 같다는 생각이다. 우리는 각자의 성향과 성격, 그리고 주변 환경 등의 영향으로 천차만별의 취미를 개발하고 즐길 수 있으리라 믿는다.

다만, 나의 사례처럼 '한 달 살기 프로그램'에 참여함으로써 각자의 취미 생활을 부가시켜 개인별로 취미의 진수를 더욱 누릴 수 있는 기회가 되기를 바랄 뿐이다. 경우에 따라서는 사찰 순례, 야생화 탐방, 낚시 등(개인별로 무척 다양할 수 있다) 지역별로 특성화된 명소와 볼거리가 무궁무진하다. 이와 같은 특성화된 프로그램은 지자체별로 지역 명소에 대한 홍보 차원의 대중화와 역사적·문화적 계승을 위한 숨은 노력의 결실로 여겨진다.

이제 마음의 짐을 털어 내고 밖으로 향하자! 취미가 여행을 만나면 우리가 바라보는 시야도 더욱 넓어지고 생각도 더 깊어질 것으로 믿는다. 그렇게 하면 우리는 취미를 통해 진정한 자신을 바라볼 수도 있게 되리라. 나는 다음번의 '한 달 살기 프로그램' 참여 시에는 '천주교 성지 순례지' 탐방을 추가로 포함할 예정이다. 어느 곳일지 아직 모르겠지만 야릇한 호기심으로 기대된다. 분명 그곳은 나 자신을 돌아보며 마음 설레게 하는 여정이 될 것임에 틀림없다.

이제 또 다른 문을 두드려 보자. 기대되지 않는가?

2장

관계의 재해석

가족도 나와 같은 사람이다

대부분 아침 일찍 기상과 더불어 우리는 자녀들의 등교와 출근 준비로 각자가 분주하다. 더구나 입시생을 둔 가정은 비상시를 방불케 하는 초긴장 상태로 마음의 여유가 없는 지경이 된다. 어느새 몇 년이 지나 자녀들의 대학 입시 문제가 해결되고 나면, 각자 인생의 복병(?)인 취직 문제가 기다린다. 곧이어 그들의 결혼과 더불어 육아 문제 등 끝없는 인생 항로를 걷게 되는 것이다. 가족 모두가 '왜 이렇게 정신없이 질주하는 삶을 사는 것일까?'라는 생각을 할 겨를도 없다. 이게 우리나라의 가정의 현주소이자 우리 인생사가 된 지 오래다. 그러다 퇴직을 맞게 되면 인생에 대한 회의감과 허무감마저도 들 때가 있다.

'나는 무엇을 위해 전력 질주를 했을까?'

게다가 퇴직을 전후하여 노부모의 노환이라는 '인생의 밥상'을 우리는 대부분 추가로 받게 된다. 물릴 수도 없고 외면할 수도 없는 천륜지정(天倫之情)의 인생 공부가 본격적으로 시작되는 것이다.

그런데도 불구하고 우리는 이제 '가족'이라는 존재와 의미를 되새겨 볼 시점이 되었다. 우리는 대부분 자기 자신에 대해서 잘 안다고 자부하지만 사실 잘 모른다(나도 예외는 아니다). 배우자와 자녀들이 자신보다 더 우리를 정확히 파악하고 있다는 점은 누구도 부인할 수 없을 것이다. 왜일까? '나'라는 사람의 성향과 성격으로 '나'를 바라보기 때문인지도 모른다.

그러다 어느 순간, 특히 배우자나 자녀들이 우리 자신을 평가할 때면 당황스럽기도 하고 섬뜩해질 때도 있게 된다. 바로 객관적인 시각으로 바라보기 때문이다. 게다가 한 가정을 이룬 후 숱한 세월동안 동거 생활과 성장 과정을 통해 무서울(?) 정도로 '나의 거울'이 되어 온 분신이기에 더욱 그럴지도 모른다. 나의 경우도 결코 예외는 아니다.

사실 부모는 자녀들의 성장 과정을 지켜봐 온 장본인이지만, 자식의 진면목을 모두 파악하고 있다고 장담할 수도 없다. 몇 년 전에 아내의 주선으로 과년한 딸과의 외국 여행을 떠났다. 일단 여행 일정을 포함한 모든 여정은 모두 딸의 의사대로 따르기로 하고 경비는 내가 책임지기로 하였다. 그런데는 나 나름대로의 계산(?)이 숨어 있었다. 딸의 해외여행을 처음 떠난 관계로 딸의 취향도 맞춰 줄 겸, 딸과의 대화도 진지하게 하고 싶은 의도도 있었다. 여행을 전후하여 내가 딸에게 놀란 점은 두 가지로 기억난다.

첫째는 출발 전에 여행 일정을 짠 계획서였다. 파리를 경유하여 비엔나에 묵으면서 프라하를 당일로 방문하는 8박 9일의 일정이었다. 역시나 여행은 출발 전의 기분과 기대감이 여행 여정보다 더 즐거웠던 걸로 기억한다. 그는 출발 한 달 전부터 전반적인 스케줄과 숙박업소 등을 상세히 조사하여 카톡과 메일로 첨부하여 보냈다. 하나하나 꼼꼼하게 정리하여 여행 중 예약 사항 등을 확인한 결과와 만일을 대비해서 대안을 꼭 기록한 것이었다.

나 역시 직장 산악회 총무 역할을 몇 년간 맡아 왔고 국제 행사의 유치를 오랫동안 해 온 터지만, 그의 여행 일정표는 너무도 완벽했다. 그냥 그를 따라다니면 순탄한 여행이 될 거라는 확신이 섰다. 그에게 진정한 믿음을 갖게 된 것이다(여행 중에 잠시 후회했지만).

두 번째는 파리에서의 여행 일정 중 그에게 느낀 적극성(?)과 관심사였다(평소에는 의기소침하고 자신감이 없게 보였으나). 출발 전 사전에 그에게 여행 중 꼭 한 가지를 부탁하였다. 무리 없이 휴식을 취하는 여행을 하자고. 하지만 이틀간 딸의 일정대로 동행을 하다 보니, 이건 여유 있는 여행이 아니라 여행 사역(?)을 당한 느낌이 들었다. 딸애가 그토록 박물관과 미술관의 작품들에 관심이 많다는 사실도 그때 직감하였다. 덕분에 나 역시 견문을 넓힐 계기가 되었으나 계속 몸 상태는 좋질 않았다. 사흘째 여행 일정을 마치고 숙소에 돌아와 그에게 말을 건넸다.

"J야! 일정이 너무 빡빡해! 백두대간을 자주 올랐던 나도 여정이 만만치 않네. 좀 더 느슨하게 할 수 없을까?"

"아빠! 여행 일정표를 여러 번 작성해서 아빠한테 검토도 맡았고요. 아빠의 휴식 여행을 감안해서 그래도 여유 있게 신경 쓴 건데요!"

"네 말이 맞아. 하지만 여행은 모두가 여유 있고 즐거워야 해. 미안하지만, 내가 유격 훈련받는 것 같거든……"

"……."

딸은 순간 머리가 복잡한 듯 한동안 말이 없었다.

"J야! 네 말이 맞다니까! 나를 배려해 준 것도 알고 있고. 하지만 내가 몸 컨디션이 좋지 않아 허리도 아프고 오래 걸을 수가 없어! 갑자기 긴장이 풀려서 그런지, 이런 경우는 나도 처음이야."

"아빠! 그럼 어떻게 하면 좋겠어요? 쉬셔야 할 것 같고 모처럼 외국 여행하면서 볼 것도 많고 살 것도 많은데……."

"그럼, 이렇게 하자. 네 일정대로 할 테니까 내가 힘들면 카페에서 차 마시면서 쉬고 넌 그때 네 일정대로 일 보고 오면 어때? 자, 가자. 네가 좋아하는 M.T. 매장에서 옷 한 벌 사 주마!"

"와우, 그렇게 해 주시면 감사하죠! 그런데 아빠는 심심해서 어쩌죠?"

"괜찮아. 네가 좋다면. 하지만, 여행은 여유롭게 쉬는 여행이어야 해. 한 번 방문해서 모든 걸 다 볼 수도 느낄 수도 없어. 그리고 다음에 또 오면 되지. 돈은 더 들겠지만."

"예, 알겠어요."

모처럼 딸과의 외국 여행 중 나는 평소에 보지 못했던 그의 체력(?)과 적극성(?)에 사뭇 놀랐다. 논리적으로 답변하는 모습에 당황스러웠으나 내심 자기주장을 명확히 하는 태도가 대견해 보이기도 하였다. 여행 중 아내가 선처해 준 부녀지간의 소중한 여행이기에 가능하면 상호 이해하고 배려하는 귀한 시간이 된 셈이다. 만약 그 당시 내가 슬기롭게 대처하지 않았다면 딸과의 여정에 먹칠을 하였을지도 모른다. 생각 외로 즐겁게 떠난 해외여행이 가정불화의 불씨가 되는 경우도 많이 보아 왔기 때문이다.

요즘같이 세상이 시시각각으로 변하는 세태인데도 불구하고 우리는 '가족'이라는 명분 하나만으로 가족을 당연한 존재로 치부할지도 모른다. 항상 옆에서 지원하고 아군 역할을 해 주는 존재로 말이다. 하지만 배우자나 자녀들 역시 나와 같은 사람이다. 더러 '겉으로 보이는 게 다는 아니다'라고들 말하지만, 무심결에 나오는 말이나 행동은 이유 없이 표출되지는 않는다. 경우에 따라서는 '보이는 게 다'일 수도 있다.

이제 가부장적인 사고와 본인 위주의 행동거지는 과거의 전유물이 된 지 오래다. 또한 향후 급변하는 정보화 시스템에 적응하기 위해 우리의 노후 생은 다소 고달플 수도 있으나, 함께 동고동락해 온 가족은 그래도 항상 우리 곁에서 지원군이 될 것으로 믿는다. 지금부터라도 가족 간의 유대 강화를 위해 서로 신경 쓰고 관심을 갖도록 하자. 각자의 취향에 대한 사소한 배려와 존중은 결국 가족 관계를 한층 더 돈독하게 할 것이며 정겨운 가족애로 우리를 항상 반길 것이다. 먼저 가족에게 웃는 낯으로 다가가 보자!

친구는 친구일 뿐, 노후에는 홀로 섬

우리는 왜 친구를 사귀는가? 과거를 반추해 보면 친구를 사귀기 위해 의도적으로 마음먹고 사귀는 경우는 드물 것이다. 주로 학창 시절에 교정에서 자연스럽게 친숙해진 경우가 많을 터이니. 함께 지내다 보면 밤을 새우며 자신의 마음을 모두 털어놓기도 하였고 그로 인해 더욱 친해지기도 했다. 간혹 동문회나 개인적 친분으로 만나다 보면 과거 학창 시절의 추억담을 나누면서 세월의 흐름을 실감하기도 한다.

하지만 이제 퇴직한 후 노후를 보내야 하는 우리로선 친구에 대한 유대감과 존재감에 의미를 다시 부여해야 할 시기가 아닌가 싶다. 젊었을 때의 친구로만 생각해서는 안 된다는 것이다. 이제는 학창 시절의 동질감과 친숙함만으로 친구를 대하는 데는 여러 가지 무리가 있다. 통상적으로 절친(切親)이라고 칭하는 친구들은 학교 동문인 경우(초·중·고교 동문이 대부분이겠지만)가 많겠으나, 졸업 후 얼마나 많은 세월이 흘렀는가? 상이한 직장 생활과 결혼에 이어 육아 문제와 부모 봉양 등 다양한 환경에서 나름 적응해 온 우리인 것이다. 다시 말해서 어느 친구이든 젊은 시절의 친구가 아닐 수 있다는 점을 말하고 싶은 것이다.

간혹, 동문 모임에 참석하다 보면 서로 정겨운 나머지 학창 시절의 별명이나 짓궂은 호칭(?)으로 친구를 응대하는 경우가 있다. 주변 손님을 의식하지도 않은 채……. 분위기상 웃고 넘어가는 경우도 있지만 술 한 잔이 들어가고 대화가 지속되다 보면 상대에게 상처와 반감을 줄 수 있다는 사실도 우리는 간과해서는 안 될 일이다. 모처럼 반가운 마음으로 참석한 좌석이 불쾌한 감정으로 헤어지는 경우도 더러 있기 때문이다. 친구를 비롯하여 상대를 만날 경우, 그들에게 좋은 인상을 주기보다 사소한 말실수 등으로 곡해와 상처를 주는 경우를 우리는 여러 번 경험하기도 했다.

친구와의 관계를 좋은 감정으로 지속하려면 상호 간의 배려와 존중이 있어야 함이다. 현재 나의 친구는 학창 시절의 친구가 아닐 수도 있다는 점도 재인식하여 친구 관계도 세심하게 고려해야 한다. 어느 누구도 자신을 함부로 대하는 것을 용납하지는 않는다. 사소한 감정의 질곡이 시간이 흐름에 따라 이질감과 반감을 조장할 수도 있기 때문이다.

만만치 않은 우리의 노후 생에 절친한 친구가 있다면 그 사람은 행복한 사람일 것이다. 그와 항상 옆에 함께하지 않더라도 어느 날 문득 생각나는 친구, 술 한 잔을 기울일 때 다정한 건배를 하고 싶은 친구, 괴로운 일을 당했을 때 바로 연락하여 속마음을 털어놓고 싶은 친구, 그리고 그 역시 간혹 전화하여 나의 안부를 묻는 친구! 우리는 모두 이런 친구를 원하고 함께하고 싶을 것이다. 그렇다면 나 자신부터 그러한 친구가 되어 줄 수 있도록 관심을 갖고 진정한 우정을 키워 나가는 덕목이 필요하지 않겠는가!

하지만 그 친구도 서로가 건강할 때 친구가 될 수 있다. '노후'라는 먼 여정을 떠나는 우리는 그 친구와도 언젠가는 헤어져야 하는 운명을 거스를 수는 없다. 그렇기에 우리는 살아 있는 동안에 친구와 관계의 성(城)을 성의껏 쌓고 보수해야 한다. 어느 날 갑자기 나 자신이 '홀로 섬'이 되었을지라도 친구의 우정과 신뢰를 토대로 굳건하게 살 수 있도록……

주저하지 말고 지금이라도 친구에게 안부 전화라도 걸어 보는 것은 어떨까? 그리고 친구가 그동안 쌓아 온 '홀로 섬'도 존중하고 배려를 담은 채 바라볼 수 있어야 하지 않을까?

대화 방식이 노후 생활을 좌우한다

대화는 인간만이 지닌 의사소통의 수단이자 상대를 알아 가는 입문 과정이라고 해도 과언이 아니다. 아무리 침묵이 금이라고 하지만 우리는 상대를 만나면 인사와 더불어 대화문을 열게 된다. 초면이라 할지라도 잠시나마 상대와 대화를 하다 보면 우리는 대부분 그의 성격과 인품, 그리고 생활환경까지도 짐작할 수 있다. 그만큼 대화는 상대에게 자신을 보여 주고 노출하는 통로인 셈이다. 굳이 자신에 대해 상세히 중언부언하지 않더라도 말이다.

왜일까? 나는 대화를 통하여 각자 마음의 통로가 연결될 수 있다고 믿는다. 대화하는 방식과 표정, 음성 그리고 진정성 여부를 비롯하여 상대의 품격까지 흘러나오기 때문이다. 우리 모두는 대화를 잘하기를 원하며 상대에게 호감을 주기를 기대한다. 하지만 고등교육을 받고 많은 지식을 보유했을지라도 꼭 대화를 잘하는 것도 아니며 '말 잘하는 것'과는 분명 다른 차원의 문제로 나는 생각한다. 말 잘하는 것은 순간의 순발력을 토대로 논리 정연한 사고력을 발휘하여 그 상황을 정리하는 언어 구사력이기 때문이다. 이는 일순간의 재치와 임기응변은 달성할 수 있겠으나 진정 상대의 마음을 움직이는 대화 방식과는 다르다고 나는 믿는다.

그렇다면 어떤 방식의 대화가 상대의 마음을 끌어당길 수 있을까? 예로부터 귀 아프게 들어 온 명언이 있다.

"세 치의 혀를 조심하라! 그 혀가 사람의 생사를 가른다."

이는 지금도 아무리 강조해도 지나치지 않는다. 결국 말하기 전에 심사숙고하여 상대와 상황에 따라 신중하게 대처하라는 인생살이의 지침이기도 하다. 알고 보면 부자지간이나, 친구 관계, 그리고 정치권의 문제를 비롯한 모든 사회적 사안들(과거 역사를 통해서도 여실히 증명되었듯이)이 '말'로 인해 불행과 분란을 초래했다고 해도 과언이 아닐 것이다. 또한 신뢰와 우정을 쌓아 온 친우 관계나 반평생 사랑으로 지켜 왔던 부부 관계도 '말 한마디'로 인해 돌이킬 수 없는 불행과 부작용을 낳는 경우도 적지 않다는 사실을 우리는 잘 알고 있다. 그만큼 '말'의 위력은 생각보다 거대하고 충격적이다.

이제 말하는 습관에도 신경을 쓰도록 하자. 남의 귀를 즐겁게만 하는 감언이설이 아닌 진정한 마음을 담아서 표현하는 언어 습관을 재점검하자는 것이다. 더러는 여태 그렇게 살아왔는데 '이 나이에 말 습관을 고쳐야 하느냐? 그것도 개성인데······.'라고 항변할지도 모른다. 나의 결론은 '아니다'이다. 왜냐하면 말로 인한 응분의 대가는 부메랑이 되어 자신에게 막대한 악영향을 초래하기 때문이다.

그렇다면 어떻게 상대와 대화를 해야 할까? 먼저 상대의 말을 끝까지 귀 기울여 듣자. 상대의 언어 습관에 개의치 않고 참을성 있게 대화 내용의 핵심을 알아내자. 잠시 침묵한 후 자신의 생각을 정리하여 진정 상대에게 말할 필요가 있는지 여부를 고려하자. 자신의 주장보다는 '내가 당신의 말을 듣고 충분히 이해했으니, 이렇게 하면 어떨까?' 정도로 권할 수도 있다.

경우에 따라서는 들어만 주는 것도 최상의 대화법이 될 수 있다. 상대가 화가 났을 때나 슬픈 일을 당했을 경우에는 그의 말을 끝까지 들어 주고 긍정적인 표정을 짓는 것만으로도 충분하다고 믿는다. 그도 내가 문제를 해결해 주기를 바라는 것은 아니기 때문이다.

더구나 퇴직 후의 노후 생활은 기존의 친분 관계는 소원해지고 대부분 새로운 인간관계를 맺는 경우가 많을 것이다. 자칫 주변인들로부터 소외되기 쉬운 시기가 될 수도 있다. 과거의 직위나 신분을 내려놓지 못하고 처신하는 경우도 우리는 상당수 보아 왔다. 퇴직 후에도 그에 상응하는 대우를 받으려는 심상이다. 또한 은근히 자기 과시욕을 드러내기도 하고 젊은 세대에게 반말들을 일삼는 경우는 절대적으로 주변인들에게 환영받지 못한다는 사실을 직시할 필요가 있다. 그렇게 되면 노년은 외롭고 처량해질 수밖에 없다.

자신의 삶을 진정성 있게 살아왔다면, 자신을 낮추고 상대를 겸허하게 배려하는 언어 습관이 나는 노후 생활에서 매우 중요하다고 생각한다. 그렇게 함으로써 남녀노소를 막론하고 다양한 연령층과도 격 없이 친구가 될 수 있기 때문이다. 우리 인생은 생각 외로 우연한 기회로 맺은 인간관계가 우리의 삶을 좌우하는 경우가 많다. 행복과 불행의 씨앗은 바로 우리의 입에서 나오며 결국 상대를 대하는 대화 방식이 우리의 노후와 직결된다는 사실 또한 간과하지 말자.

오늘부터라도 상대의 사소한 장점이라도 곁들여서 칭찬하는 대화를 시도해 보는 어떨까?

은돈 서른 닢의 대가

우리는 살아오면서 예기치 않게 남으로부터 배신당하거나 상처를 입는 경우가 더러 있다. 친지나 절친한 친구일 경우에는 순간 분노와 더불어 인생의 회의감마저 들 때가 있다. 자신이 원인 제공도 하지 않았고 물심양면으로 배려했을 경우에는 밤잠까지 설치는 때가 허다하다. 그럴 때면 자신의 입장을 피력하고 상대에게 진상 여부를 토로해야 할지 여부를 고민하기도 한다. 개인에 따라서 그 해결 방안은 다를 수 있으나, 이럴 경우 상대의 성향과 인간성이 주로 판단 기준이 되는 경우가 많다. '과연 내가 대화를 해서 해결될 수 있을까? 그는 어떻게 받아들일까?'라는 사념이 머릿속에서 떠나지 않는 것이다.

나 역시 학창 시절부터 최근까지 여러 번의 경험을 치른 적이 있었다. 고교 시절, 미술 시간이었다. 연말이 가까워 오자, 선생님은 크리스마스카드를 각자 완성하여 학기말 실기 평가를 가름하겠다고 하셨다. 그러곤 완성한 결과물을 친지나 친구에게 선물하도록 권하셨다. 전날부터 열심히 구상하여 미술 시간 중에 완성한 찰나, 옆에 앉은 동기생 K가 잠깐 보고 돌려주겠다고 하였다. 거의 완성한 터라 나는 쾌히 승낙을 하고 잠시 화장실에 다녀오니, K는 간데없고 수업 시간 종료 10분 전이었다.

선생님이 완성본의 제출을 독려하는 음성이 귓전을 때렸다. 순간 그 친구와 내 성과물은 보이지 않은 터라 마음이 다급해졌다. 결국 여분으로 준비한 카드 안에 정신없이 물감을 칠하고 최대한 매진했으나 시간 부족으로 완성도는 미진할 수밖에 없었다. 알고 보니 K는 내 것을 자신의 성과물로 도용하여 제출하고 나갔던 것이었다.

"어휴! 이럴 수가……. 그 친구가 그렇게까지 할 줄이야!"

정신이 몽롱하였다. 잠시 후, 동기생들의 성과물에 대한 평가 시간이었다. 선생님은 동기생들의 결과물들을 검토하다가 유독 두 개의 결과물을 비교분석하듯 몰두하셨다. 이후, 그는 마치 확신이 선 음성으로 교실을 향해 소리쳤다.

"이종욱! 두 번째 네가 제출한 게 이거냐?"

"예!"

"두 개의 결과물이 아무리 봐도 같은데, 네가 K 것을 베낀 것 아니야?"

"……"

순간 나는 너무도 어이가 없는 데다, K가 내 것을 가져가서 몰래 제출했다고 동기들 앞에서 항변할 수가 없었다. 그렇게까지 하고 싶지 않았다는 표현이 더 정확할지도 모른다. 그렇다고 내가 K보다 체력적인 열세도 아니었으며 중학교 동창이기도 했다. 만약 내가 사실대로 폭로했다면, 정의감이 투철했던 사춘기 시절이기에 아마도 K는 친구들의 '공공의 적'이 될 게 뻔했다. 당시엔 나 스스로 '내가 너무 바보 아니야? 사실대로 말하는 게 좋지 않을까?'를 되뇌면서도 그러질 못했다. 결과적으로 K는 '수'의 성적표를, 나는 모방 죄의 누명을 쓴 채 초유(初有)의 '미'를 감당해야 했다.

내가 당시 궁금했던 것은 그 후 K의 태도였다. 옆자리에 있는 K는 나의 눈을 계속 피했고 나에 대한 미안한 감정이나 어떠한 반성의 기미도 보이지 않았다. 이를 계기로 젊은 시절이지만,

친구를 통해 인생 공부(?)를 당겨 했지 않았나 싶기도 하다. 과거를 떠올려 보면 당시 무척 억울했지만, 내 처신이 바보스럽기도 하고 어쩌면 현명하게 대처했을지도 모른다. 하지만 K의 행태는 아무리 학창 시절의 사례라고 해도 내 입장에선 친구로서의 명분이 사라진 지 오래다. 이와 같은 유사한 사례를 학창 시절에 겪은 독자들도 꽤 있으리라 생각된다(요즘에는 참는 것이 능사는 아니지만).

우리가 흔히 알고 있는 성경의 '마태복음'에 이런 구절이 있다.

- **유다가 예수님을 배신하다**(26장 14절~16절)

  그때에 열두 제자 가운데 하나로 유다 이스카리옷이라는 자가 수석 사제들에게 가서, "내가 그분을 여러분에게 넘겨주면 나에게 무엇을 주실 작정입니까?" 하고 물었다. 그들은 은돈 서른 닢을 내주었다. 그때부터 유다는 예수님을 넘길 적당한 기회를 노렸다.

- **제자가 배신할 것을 예고하시다**(26장 25절)

  예수님을 팔아넘길 유다가 "스승님, 저는 아니겠지요?" 하고 묻자, 예수님께서 그에게 "네가 그렇게 말하였다." 하고 대답하셨다.

■ 유다가 자살하다 (27장 3절~6절)

그때에 예수님을 팔아넘긴 유다는 그분께서 사형 선고를 받
으신 것을 보고 뉘우치고서는, 그 은돈 서른 닢을 수석 사제들
과 원로들에게 돌려주면서 말하였다. "죄 없는 분을 팔아넘겨
죽게 만들었으니 나는 죄를 지었소." (중략) 유다는 그 은돈을
성전 안에다 내던지고 물러가서 목을 매달아 죽었다.

상기한 성경의 구절은 우리 인간사의 진면목을 스토리텔링으
로 명백히 보여 주고 있다. 굳이 성경 속의 인물들을 재평가하
고 싶은 생각은 없으나, 우리 주변에는 생각 외로 우리가 평소
따라야 하는 양심과 덕목의 '결'이 다른 사람들이 있다. 재물과
돈, 명예와 사욕을 챙기기 위해 인간의 도리를 저버리는 사람
들. 지금도 앞으로도 그런 류의 사람들은 불행히도 우리와 함께
계속 상존할 것이란 얘기다.

성경 속의 유다는 돈에 눈이 어두운 나머지 예수님을 계획적
으로 죽이도록 사주하였다. 또한 예수님의 면전에서 딴전까지
피웠으나 결국 스스로 죄의식을 느껴 자살하였다. 성경에는 극
단적인 배신의 사례와 그에 따른 종말을 우리에게 교훈으로 제
시하고 있다. 그나마 유다처럼 자신의 잘못을 인정하고 죗값을
치르게 된다면 어쩌면 우리에겐 다행일지도 모른다.

하지만 우리가 살아가면서 겪는 숱한 인간사들은 그야말로 다양하고 천차만별일 것이다. 만약 우리가 타인으로부터 피해와 상처를 입게 된다면 우리는 어떻게 대처해야 하는가? 정신적 충격과 감정의 악화일로(惡化一路)로 치달은 나머지 자신을 점점 수렁으로 몰고 가진 않는가? 아니면 당장 쫓아가서 시비를 가리고 한바탕(?)할 것인가?

우리는 두 가지 방법 모두 현명한 처사는 아니라고 생각하지만 의외로 이와 같은 감정의 하수인이 되는 경우가 많다. 결국 상호 간의 감정은 더욱 악화되거나 자신의 심신마저 스스로 통제할 수 없는 지경에 이르게 되기도 한다. 결론적으로 우리는 이 사태를 어떻게든 해결해야 하는 숙명을 안고 있는 것이다. 우리 자신의 문제이기에 더욱 그렇다.

나는 그 해결책으로 다음과 같이 생각하고 실천하고 있다(독자들의 경우 다른 대안을 가질 수 있지만 나는 그렇다). 첫 번째로 나는 잠시 시간의 냉각기를 가진 후, 사태를 냉철하게 판단하고 상대와 만나서 대화로 푸는 것이다. 이때는 상대의 성향을 면밀하게 분석하고 합리적인 대화가 진행될 가능성이 있을 경우로 한정한다. 사전에 상대에게 만날 약속을 정한 후 상대에게도 '생각의 시간'을 주는 것이다.

두 번째로 상대의 성향과 처신 등을 감안할 때 사과할 의도가 없고 인간관계의 회복 가능성이 없을 경우, 과감하게 상대를 무관심하게 대하는 것이다. 바로 '관계'를 정리함이다. 우리는 세상을 살아가면서 모든 사람들에게 좋은 평을 듣고 살 필요는 없다고 나는 생각한다. 인간의 도리를 역행하는 사람들에게는 더구나. 선한 마음과 남을 배려하는 사람들과 살아가기에도 우리 인생은 벅차다.

생각해 보자! 우리에게 상처와 배신감을 준 상대는 죄의식과 거리낌 없이 살아가는데, 그 충격을 안은 우리는 괴로움과 고통 속에서 지낸다는 건 너무 억울하지 않은가? 상대는 변하지 않기 때문이다. 가능한 한 그 굴레를 빨리 벗어나 스스로 위안하고 극복해야 한다고 나는 생각한다. 먼저 자신이 선호하는 취미에 몰두해 보자. 시간이 흐름에 따라 기억이 희석될 수 있음이다.

그래도 힘들다면 가장 가까운 배우자나 신뢰할 만한 친구에게 털어놓는 것이다. 물론, 당장 뾰족한 해결책은 기대할 수는 없다. 하지만 '자신의 심정을 털어놓는다'는 점에 방점을 두는 것이다. 마음속에 불덩이를 품은 채 침묵으로 일관한다면 스스로 심신을 불태우는 지병이 되기 때문이다. 만약 상황이 여의치 않을 경우 법률 전문가와 의료 전문가를 만나서 상담을 의뢰한다면 바람직한 해결책을 제시할 수 있다고 믿는다.

우리에게 상처나 배신감을 안겨 준 상대의 마음을 우리가 바꿔도록 강요할 수는 없는 노릇 아닌가? 그렇다면 결론은 명확해진다. 사람의 성격과 품성은 쉽게 바뀌지 않는다. 우리 자신도 쉽게 바뀌지 않는 것처럼. 결국은 미래의(특히 노후에는) 나 자신을 위해 자신을 다독이며 내려놓는 습관을 지니는 것이 현명한 처사가 아닐까?

남에게 해를 끼치는 인간관계는 결국 '은돈 서른 닢의 대가'를 치른다고 나는 믿는다. 더구나 노후에는 진정 자신을 사랑하는 방안을 재차 확인하고 실천할 때이다. 모든 게 사필귀정(事必歸正)이 될 터이니……(더러는 그런 부류의 사람들이 악착같이 더 잘 산다고들 한다. 그러나 난 그건 비교 대상이 아니라고 생각한다).

노후에 행복해지고 싶은가? 감사하고 베풀자!

누구나 행복해지고 싶어 한다. 하지만 지구상 대부분의 사람들은 자의든 타의든 행복감 자체를 느끼지도 못한 채 쳇바퀴 돌듯 하루하루를 바삐 보내기도 한다. 자녀들을 키우고 난 어느 날, 갑자기 자신의 존재감에 회의를 느끼면서,

"과연 나는 무엇을 위해 살아온 건가? 나는 지금 결코 행복
하지 않은데 말이다."

라고 한탄할지도 모른다. 그렇다면 우리의 행복은 무엇이며 어디에 있는 것일까? 나는 여기서 철학적 담론을 설파할 의도는 아니다. 다만, 우리가 살아 있는 동안 행복할 수 있다면 더욱 좋겠다고 생각하는 연유이다. 그렇다면 역으로 행복하지 않는 이유를 알아야 할 필요도 있다.

바로 자신의 내면을 들여다보는 시간을 갖는 것이다. '우리 자신이 현재 행복하지 않는 이유! 왜 행복하지 않은 걸까? 무엇이 우리를 그토록 불편하게 하고 불안하게 하는 것일까?' 등이다. 자신에 대한 탐색이 필요함이다. 건강 문제, 가정불화, 경제적 여건, 무료함, 심리적 불안증 등 얼마든지 개인별로 다양할 수 있을 것이다.

인간의 욕망은 무한한지라 채워지고 나면 금세 '밑 빠진 독'처럼 끊임없이 새로 채워지길 바라는 요술주머니(?)인지도 모른다. 하지만 부와 능력과 재능을 타고난 사람도 모두가 행복하지는 않다고들 한다. 경제적으로 허덕이던 시절에는 그토록 부자가 되면 행복할 거라고 생각했으나 막상 부를 축적하고 나면 행복의 허상(虛像)을 접하게 되는 것이다. 남보다 탁월한 능력자이거나 자신만의 재능을 지녔다고 해도 불특정 다수에 대한 경쟁 심리에 휘말리기도 한다. 또한 그 상태를 유지하기 위해 또 다른 고민거리가 생기기도 하는 것이다. 결국 남들이 부러워하는 것을 지녔는데도 불구하고 허탈감과 더불어 자신의 진정한 행복은 신기루처럼 아득해 보이기도 한다.

왜일까? 행복의 개념을 정의한 다비드 구트만은 그의 저서 『나는 별일 없이 늙고 싶다』에서 다음과 같이 설파한다.

"행복을 모든 사람에게 똑같이 적용되는 개념으로 만들 수는 없다. 하지만 행복을 추구하는 인간에게 두 가지 기본적으로 필요한 것이 있다. 하나는 자기실현(self- actualization)이고 다른 하나는 넓은 의미에서의 사랑이다. 자기실현이 필요하다는 것은 이런 뜻이다. 인간은 꿈을 이루고 최대한 의미 있게 산다고 느끼면서 살려고 한다. 그리고 각자 사랑하고 사랑받고 싶어 한다. (중략) 자기실현과 사랑이 동시에 충족되지 않으면, 개인의 인생은 분명 비참해질 것이다.

이 두 가지는 서로 보완하며 긴밀하게 얽혀 있다. 행복을 얻으려면 자기실현과 사랑이 종합되어야 한다. (중략) 그런데 참된 행복을 찾는 데는 조건이 있다. 우리는 참된 행복을 먼저 마음속에서 찾아야 한다. 내면에서, 영혼에서 찾아야 한다."

구트만이 주장한 인생의 행복을 위한 두 가지 축(軸)은 우리 삶의 의미와 행복을 찾기 위한 지침으로 정문일침(頂門一鍼)을 가한다. 바로, 내적으로 자기실현을 통해 삶의 의미를 되찾고 넓은 의미에서 '관계 속의 사랑'을 강조하고 있음이다. 나는 여기서 한 가지 구체적인 실천 지침을 추가로 제시하지 않을 수 없다. 바로, '관계 속의 사랑'의 방향이자 방법론이다. 너무도 익히 우리가 잘 알고 있지만 쉽게 간과하는 것, '남에게 베푸는 것'이다.

'남에게 베푸는 것'은 다소 어려울 수 있지만 생각 외로 마음먹기에 따라 쉬울 수 있다. 그것은 꼭 재물이나 돈을 수반하여 남에게 도움을 주는 것은 아니다. 그것은 진정 어린 마음가짐으로 상대의 얼굴을 통해 마음을 만나는 것이다. 우리는 대부분 부족함이 없는 시대에 살고 있다. 틀기만 하면 정수기에서 나오고 전국 어느 편의점에서 쉽게 사 먹는 물! 아프리카 오지와 해외 곳곳의 난민촌에서는 십 리 길 이상을 걸어야만 구경할 수 있는 구정물마저도 아쉬운 게 현실이다. 우리는 어떤가? 윤택해진 생활은 당연한 거고 사소한 거라도 잘못된 일은 모두 남의 탓으로 치부하고 있진 않은지 자문해 볼 일이다.

요즘 사회 전반에 만연해 있는 자기중심적 사고와 편 가르기 세태! 정말 이대로 가도 되나 싶을 정도로 식상할 때가 많다. 자신의 잘못과 실수는 철저히 외면한 채 상대에 대한 책임 전가와 추궁이 난무하다. 주변인과 상대에 대한 감사와 베풂의 여지가 없어진 지 오래다. 너무도 편리해진 실생활에 익숙해진 채, 우리는 모든 걸 당연시 여기고 있지는 않은지 생각해 볼 일이다.

제러미 애덤스미스와 키라 뉴먼 등은 저서『감사의 재발견』에서 수많은 대중을 상대로 실험과 심리분석을 통해 '감사가 우리에게 유익한 이유'를 다음과 같이 확증하면서 그 효과를 강조하였다.

"감사 실천은 긍정심리학에서 가장 과학적 근거가 탄탄한 분야 중 하나다. 감사가 모든 문제의 해답이 될 순 없다. 하지만 감사는 우리 뇌를 (우리 주변에 존재하는 비옥한 자원인) 긍정성과 사회성으로 향하게 한다. 감사는 부정성에 초점을 맞추려는 뇌의 편향에 저항하여 뇌가 좋은 것에 익숙해지도록 돕는다. 감사는 세상을 바라보는 우리의 시선을 바꾸어 건강과 안녕에도 도움이 된다."

1. 감사는 행복감과 삶의 만족감을 증진하며, 낙관성과 기쁨, 쾌감과 열정 등 다른 긍정적 정서도 끌어올린다.

2. 감사는 타인과의 유대를 강화하고, 기존 관계에 대한 만족감을 높인다.

3. 감사가 많은 사람일수록 두통, 소화기 계통 질환, 기관지염, 수면 장애 등의 건강 문제가 적게 나타난다.

4. 감사는 이타적 선행을 불러일으킨다.

5. 감사는 단지 행복하고 건강한 삶뿐 아니라 스스로 삶을 개선하도록 동기 부여한다.

상기한 바와 같이 주변인에 대한 감사와 실천의 수혜자는 최우선적으로 우리 자신이 된다는 사실에 주지할 필요가 있다. 매사에 부정적 시각과 편견을 갖는 것(모두 다 그렇다는 건 아니지만)보다 긍정적 시각으로 상대와 사물을 대하는 것이 좋지 않을까? 그렇게 되면 우리 자신부터 마음이 편안해지고 삶의 여유를 느끼게 됨이 틀림없다. 마음먹기 달렸고 그것도 습관이 되기 때문이다.

출근 전 성의껏 차려 준 아내의 밥상과 아파트 출입구에서 청소하는 근무자들, 새벽을 깨우는 시내버스 운전사 등은 우리의 가족일 수 있다. 주변에서 감사할 일과 대상은 알고 보면 부지기수다. 우리가 행복하려면 범사에 감사하는 마음과 더불어 사랑을 담은 베풂이 필요한 이유다. 출근길에 그들에게 웃는 낯으로 감사의 인사말이라도 전하면 어떨까? 이것이 관계의 시작이자 회복이 될 것이며, 결국 우리의 행복지수는 점점 자라날 수 있지 않을까! 노후에는 더욱 그렇다.

[요약정리]

■ 노후에는 아무도 놀아 주지 않는다. 좀 더 우리 노후의 현주소를 파악하고 자신을 냉철히 들여다보면서 장기간의 전략을 구상해야 한다. 나와 배우자의 건강 상태, 친구 관계, 그리고 특히 나와 함께 놀아 줄 소일거리와 취미를 찾아 나서야 할 때, 바로 지금이다!

■ 기본형과 주특기형의 운동은 분명코 우리 노후 생의 초석이 될 것이며 생활의 활력소가 될 것으로 믿는다. 건강을 유지하고 친교를 통한 삶을 즐기는 혜택이 우리를 기다리는 것이다. 하루하루 미루지 말고 지금 당장 시작하자!

■ 취미는 자신의 분신이자, 진정한 친구이다. 우리가 살아가면서 지치고 힘든 고비를 만날 때, 몰입을 통하여 심적 안정과 더불어 성과물까지 선물하는 또 다른 나를 찾아가는 과정임에 틀림없다.

■ 취미가 여행을 만나면 우리가 바라보는 시야도 더욱 넓어지고 생각도 더 깊어진다. 우리는 취미를 통해 진정한 자신을 바라볼 수 있게 되며, '한 달 살기 프로그램' 참여 시 자신의 취미 생활까지 포함시켜 보자.

- 지금부터라도 가족 간의 유대 강화를 위해 서로 신경 쓰고 관심을 갖도록 하자. 각자의 취향에 대한 사소한 배려와 존중은 결국 가족관계를 한층 더 돈독하게 할 것이며 정겨운 가족애로 우리를 항상 반길 것이다.

- 친구도 서로가 건강할 때 친구가 될 수 있다. '노후'라는 먼 여정을 떠나는 우리는 언젠가는 '홀로 섬'이 되는 운명을 거스를 수는 없다. 그렇기에 우리는 살아 있는 동안에 친구와 관계의 성(城)을 성의껏 쌓고 보수해야 한다.

- 인생은 생각 외로 우연한 기회로 맺은 인간관계가 우리의 삶을 좌우하는 경우가 많다. 행복과 불행의 씨앗은 바로 우리의 입에서 나오며 결국 상대를 대하는 대화 방식이 우리의 노후와 직결된다는 사실 또한 간과하지 말자.

- 사람의 성격과 품성은 쉽게 바뀌지 않는다. 남으로부터 입은 상처는 가능한 한 신속히 털어 내자. 특히 노후에는 나 자신을 위해 자신을 다독이며 내려놓는 습관을 지니는 것이 현명한 처사일 것이다. 남에게 해를 끼치는 인간관계는 결국 '사필귀정'이 될 걸로 믿는다.

- 우리 삶에 감사하자! 주변인에 대한 감사와 실천의 수혜자는 최우선적으로 우리 자신이 된다는 사실에 주지할 필요가

있다. 매사에 부정적 시각과 편견을 갖는 것보다 긍정적 시각으로 상대와 사물을 대하는 습관, 그것은 우리 자신부터 마음을 편안하게 하고 삶의 여유를 느끼게 할 것임에 틀림없다.

[취미 도출표]

    자신의 취미를 탐구, 도출하여 실천해 보자. 이번 기회에 놓치면 또 몇 해가 지나갈 수 있다. 지금 시작해 보자.

- 1단계: 나는 무엇을 좋아하는가?

- 2단계: 나는 무엇을 할 때 행복감을 느끼는가?

- 3단계: 그렇다면, 지금 당장 하고 싶은 것은 무엇인가?

- 4단계: 당장 할 수 없다면, 그 이유는 무엇인가?
  - 시간적 여유 또는 배움의 부족 등

- 5단계: 이제, 계획성 있게 실천하자(3개월 단위, 1년간)
  - 지금 할 수 있는 것과 교습이 필요한 것을 분류하여 바로 실천하자!

분야 및 구분	세부 내용	실천성 (예)	비고 (실천 일정 등)	
목공 및 목각	목공, 목각, 서각 등	√	평생학습원	24년 1/4분기
가죽/ 종이 공예	한지, 지점토 공예	○	Pinterest, 유튜브	24년 6월
미술 및 조형	그림, 판화, 조작 등	√	평생학습원	24년 2/4분기
음악 및 악기	작곡, 연주악기류	√	평생학습원, 학원	24년 3/4분기
요리	한식, 중식, 브런치 등	×	요리학원	
저술 및 강연	책 쓰기, 시집	√	온라인/ 오프라인	25년 1/4분기
조경	실내조경, 환경조경	√	인터넷 강의	25년 3/4분기
IT 분야	유튜브, 홈페이지 제작	○	인터넷 강의	25년 9월
자선 및 봉사	재능기부(연주 등)	○	교회, 복지시설	26년 12월

※ '2부'의 2장 '배움과 투자의 미학'을 참조, 자신의 취미를 발굴하자
  (○: 당장 실천 가능, √: 하고 싶으나 교습 필요, ×: 싫은 것)

4부

생의 의미와 죽음 준비를

"진정한 삶은 작은 변화들이 일어나는 곳에 존재한다."

– 레프 톨스토이

"당신이 갈 만한 길이 많이 막혀 있다면, 눈을 들어 당신 앞에 있는 온갖 일을 보라. 당신이 사회에 기여할 수 있는 일은 많다."

– 세네카,
『On Mental Calmness and on the Brevity of Life』

1장

생의 의미

지금 살아 있다는 것만으로도

부친이 작고하신 지 벌써 일 년이 되어 간다. 부친은 정년퇴임 후 약 30년간 고향에서 전원생활을 하시는 동안에는 행복해 보이는 듯했다. 하지만 90대 초반부터 모친과 함께 요양병원 신세를 지게 되었다. 부모를 요양병원으로 입원시키게 된 건 자식인 나로선 항상 죄책감을 느끼게 하였다. 그토록 고향 생가에 대한 향수에 젖은 부모를 뵐 때마다 그랬다. 그분들의 정신적 · 신체적 여건만 허용한다면 고향 주변에서 도우미를 구해 함께 기숙하는 방안도 고려해 보았다. 그것 역시 어려운 일이었다.

결국 나는 그 당시 부모님을 요양병원에 가료시키는 데 혁혁한 공(?)을 세운 장본인이 된 것이다. 당시 장남인 내가 그렇게 결정할 수밖에 없었던 심정을, 당해 보진 않은 사람은 모를 것이다. 십자가를 진다는 뜻을 그때 실감하였기 때문이다. 항상 부친을 뵐 때마다 지극한 향수병에 걸린 어린아이처럼 "고향에서 살다가 죽고 싶다."는 말씀을 되뇌셨던 모습이 지금도 역력히 뇌리에서 떠나질 않는다. 결국 요양병원에서 적응을 못하신 나머지 인근 요양원으로 부모님의 거처를 옮기게 되었다.

그러던 어느 날, 요양원에서 급히 나에게 전화 연락을 하였다.

"요양원 원장입니다. 보호자 되시죠? 어머님이 급히 전화를 하고 싶다고 하셔서 전화 드린 건데요. 바꿔 드릴게요."

"얘야! 어미다. 요즘 네 아버지가 기력이 많이 쇠하신 것 같다. 그런데, 요즘 그렇게 너를 찾는구나! 지금 올 수 있겠니? 직장 일이 바쁘겠지만……."

"그래요? 예, 바로 가겠습니다."

당시는 설상가상으로 코로나 감염 사태로 인해 대면 면회도 못 하고 비대면으로 창밖에서 뵙기만을 약 3년간에 걸쳐 반복한 터였다. '이 무슨 생이별 같은 상황인가?'를 면회 때마다 되뇌었다. 하지만 당시 전국적으로 감염 환자가 증가 추세인 데다, 요양원 내 간병인들도 감염된 상황에 어쩔 수 없는 조치로 수용할 수밖에 없었다. 급히 차를 몰고 찾아뵈니, 그날따라 웃음 띤 얼굴로 부친은 나를 반기셨다. 그리고 나선, 흔들린 필체로 써 내려간 메모를 창밖으로 들춰 보이셨다.

　"이제 얼굴 봤으니, 됐다. 며느리와 애들! 건강해라!"

　나는 순간 목이 멘 나머지 비장한 각오라도 한 듯, 외치면서 답장 글을 써서 보여 드렸다.

　"아버지, 조금만 기다리세요. 코로나 사태가 해소되면 꼭
　고향에 모시고 가겠습니다!"

　그게 살아생전에 마지막으로 뵌 부친과의 상봉이었으며 며칠 후 영면에 드시게 된 것이다. 나는 항상 요양원에 계실 것 같았던 부친을 다시 뵐 수가 없음을, 이제 다시 고향에 모시고 갈 수 없다는 사실을 한동안 받아들이기가 어려웠다. 바로 부친의 죽음을 통하여 '삶과 죽음'의 괴리(?)와 현실을 수용해야만 했던 것이다.

　누구나 부모의 죽음을 경험하고 가족 친지들의 부고를 받고 나서 급히 빈소를 찾아 나설 것이다. 어제까지도 멀쩡했던 친지와 친구들도 한순간 저세상 사람이 되었으니 말이다. 누구의 죽음이든 빈소에서, 묘지 앞에서, 그리고 한동안 우리는 고인의 죽음과 자신의 죽음을 대치시키는 시나리오에 빠져들기도 한

다. 그러곤 되뇐다. "고인의 명복을 기원합니다." 그리고 마음
속으로 다짐도 해 보는 것이다.

> "나도 머지않아 저렇게 죽을 텐데, 나는 앞으로 어떻게 살
> 아야 하나? 그래도 살 때까진 열심히 살아야겠지!"

　바로 '살아 있음'에 대한 존재 가치를 부여함과 동시에, 미래
지향적인 마음가짐을 우리는 다지는 것이다. 절실하게 죽음에
대한 학습을 하는 순간이다. 하지만 몇 개월이 채 지나기도 전
에 우리는 직장과 일상이라는 틀에 갇힌 채, 죽음을 저 먼 나라
의 일화로 또다시 흘려보내기를 반복한다. 마치 내 일이 아니며
나의 죽음이 아니라면서…….
　마이크 드락 등은 저서 『노후의 재구성』에서 '노후의 행복'과
'살아야 하는 이유'에 대해 아래와 같이 제안한다.

> "무엇보다 중요한 것은 자신이 가진 것으로 행복을 느끼는
> 데 집중하는 것이다. 우리는 아주 많은 것을 소유했지만 어떤
> 이유에선지 그것에 감사하지 않는다. 어차피 우리가 감사해야
> 하는 대상은 그런 것이 아니기 때문이다. 자신의 가족, 건강,
> 주거 환경, 그리고 당신이 가진 모든 행운에 감사하라. 매일 자
> 신이 얼마나 축복받은 삶을 사는지 돌아보는 습관을 들이고,

하루를 마치면서 그 축복을 일기로 기록하는 연습을 해 보라."

"일본 오키나와에는 세계에서 가장 장수하는 최장수 마을
이 있다. 그들은 노후 때문에 스트레스 받지 않으며 은퇴를 뜻
하는 적당한 단어도 없다. 대신 그들은 '살아야 하는 이유'를
의미하는 '이키가이(ikigai)'를 찾고 유지하고자 평생을 고민
한다. 모든 사람에게 이키가이가 필요하다. 이키가이가 없다
면 고심해 봐야 한다. 지속적인 목적의식이 없다면 다른 사람
들보다 오래 살지 못하기 때문이다. 삶의 목적과 방향 감각을
가진 사람들이 또래보다 오래 사는 것으로 나타났다."

마이크 드락이 제안한 노후의 행복과 삶의 목적의식은 여태까
지 내가 강조한 바와 같다. 우리가 평소에 너무도 당연시 해 온
범사에도 감사하라는 것이다. 더불어 노후 여정에서 사소하더
라도 자신만의 목적의식을 지닌 채 의미 있는 생활을 영위함이
건강한 장수의 비결임을 시사하고 있다. 사실 알고 보면 우리는
각자가 원하는 대상을 이루고 나면 당연한 결과로 치부한 채 타
성에 젖게 된다. 그리고 또 다른 생경스런(?) 소망을 갈구하기
도 한다. 배부르면 배고픔을 순간 잊는 것처럼…….

하나의 사례를 들겠다. 두 남녀가 결혼하여 2세가 태어나는
것이 당연한 결과는 아니다. 그리고 그 애가 사지 멀쩡한 모습

으로 우리를 반기는 것 또한 당연한 처사가 아니며 우리에게 축복과 감사할 일이라는 것이다. 결국 우리는 태어나면서부터 감사할 축복으로 이 세상을 만나게 되었음을 알아야 한다. 모든 사람들이 그들의 삶에서 축복만으로, 그리고 고난과 역경만으로 살아가진 않는다. 그래서 인생은 '희로애락'이라는 삶의 질곡 속에서 표류하는지도 모른다.

그런데도 불구하고, 이제 우리는 마음을 다잡아야 한다. 우리는 살아오면서 수많은 생(生)과 사(死)—탄생의 축복과 죽음의 애도—를 경험한 터이므로. 죽음을 통하여 우리는 바로 지금 우리가 '살아 있음'을 실증적으로 확인해 왔다. 또한 죽음을 목도할 때마다 우리 자신에게 살아 있는 동안만이라도 좀 더 바람직한 생의 의미를 찾고 삶의 존재 가치를 지향해야 함을 다짐해 왔다는 사실이다. 그러니, 지금 살아 있다는 것만으로도 우리는 얼마나 다행이며 앞으로 행복할 수 있는 열쇠가 우리 손에 달려 있다는 사실을 간과해서는 안 될 일이다. 삶은 그 자체로 축복이기 때문이다.

이렇게 오래 살 줄 몰랐다: 어느 노모의 고백

오늘도 나는 아내와 함께 모친을 뵈러 요양원을 방문하였다.

코로나 사태가 진정되지 않아 창밖 너머 비대면 면회를 할 수밖에 없는 현실이 안타깝기만 했다. 이제는 모친 홀로 요양원에 계시니 자주 찾아뵙기를 자신과 약속했으나 상황이 그렇질 못함에 항상 죄송한 마음이었다.

다행히도 모친께서는 평안한 모습으로 우리를 반기셔서 다행이었다. 모친을 뵐 때마다 한정된 면회 시간은 서로에게 야속하기만 했다. 모친은 화두를 꺼낼 때마다 신중하고 진정성 있는 대화를 위해 무척 애쓰시는 모습이 역력하셨다. 마치 누에가 명주실을 한 올씩 정성스럽게 뽑아내듯이, 또박또박 써 내려간 모친의 필체에 우리는 온통 집중하는 것이다.

"며늘아! 직장 일도 바쁠 텐데, 항상 미안하구나! 정말로 고맙다. 자주 오지 않아도 돼요."

"아니에요. 어머니! 자주 찾아뵙지 못해 죄송해요! 학교도 코로나 환자가 늘어나서 요즘 정신이 없네요. 어머니 좋아하시는 반찬 좀 준비해 왔어요. 입맛에 맞으실지……"

"애야! 고맙지만, 애써서 반찬 준비해 오지 마라. 여기도 음식이 좋단다."

"아니에요."

"네들이 정말 고생이 많다. 내가 이렇게 오래 살 줄 나도 몰랐다. 에휴! 빨리 어떻게 죽을 수도 없고……"

"……."

　순간 나와 아내는 고개를 숙인 채 울컥하였다. 우리는 서로 얼굴을 바라보다 창 안에 비친 모친의 모습을 똑바로 바라볼 수가 없었다. 이어 모친은 말을 이으셨다.

　　"애야! 너 같은 효자가 이 세상에 있겠느냐? 항상 고맙게 생각하고 행복하게 느끼고 있다. 며늘아! 너도 마찬가지야! 고마워!"

　모친의 말씀이 끝나기가 무섭게 우리는 다시 머리를 숙인 채, 울음을 참느라 한동안 고개를 들지 못했다.

　　"어머니, 아니에요. 당연한 걸요. 자주 뵙질 못해서 죄송할 따름이죠"

　휠체어에 앉아 돌아서는 모친의 뒷모습은 우리의 발걸음을 무겁게만 하였다. 차 안에 들어서자마자, 아내는 복받친 울음을 터트리며 결국 오열하고 말았다. 나 또한 운전대만 잡은 채 고개를 들지 못하였다. 한참 후 나는,

"자! 이제 갑시다. 나도 항상 당신에게 고맙게 생각하고 있소. 어쨌든 우리는 나름 최선을 다하고 있지 않소."

"……."

"나는 이렇게 생각하오. 이제야 우리는 인생 공부를 하고 있다고. 부모님이 우리 생의 진정한 스승이라고 말이오. 그리고 머지않아 우리에게 닥칠 미래를 우리는 미리 체험하고 학습하는 걸 거요."

나는 몇 년간에 걸쳐 부모님을 요양병원과 요양원에서 뵐 때마다 머릿속에 각인되는 '그 무엇'이 있었다. 노부모와 자식 간에만 공유할 수 있는 유일한 감정이다. 그것은 바로 지고지순(至高至純)한 '내리사랑'이다. 나 자신이 아무리 부모를 위한다고 한들, 부모님의 넓고 깊은 사랑은 견줄 바가 못 된다는 사실을 항상 실감하는 것이다(너무도 당연하고 식상하다고 할지 모르지만).

말씀 한마디, 한마디에 깊은 생의 철학을 담고 있으며, 강요하지 않더라도 마음속에 절절하게 각인되고 배우는 것이다. 모친의 "내가 이렇게 오래 살 줄 몰랐다."는 한마디 말씀은 나에게, 그리고 우리들(독자들도 마찬가지로 생각하기에)에게 생의 깊은 의미를 주는 메시지로 지금도 마음속에 여운으로 남아 있는 것이다.

살아갈수록 아쉬운 것들

삶은 축복이자, 고해(苦海)라고 했던가? 누구나 자신의 인생을 잘 꾸려 나가고 싶고 행복을 실은 성공 행보를 바랐을 것이다. 그러나 살다 보면 자신의 잘못을 비롯하여 타인으로 인해 인생을 송두리째 침몰시키는 사례도 또한 상당하다. 그럴수록 과거의 침체된 늪에서 헤어나지 못하고 자신의 삶에 대한 애착도 상실되기 쉽다. 하루하루가 지옥이고 버텨 내기 어려운 지경이 되는 것이다.

우리는 대부분 정도 차이만 있을 뿐 이와 같은 인생의 변곡점에서 방황하고 허덕인다. 이러한 생의 격동기를 슬기롭게 이겨 낸 사람들은 또 다른 곤경에 처하더라도 극복해 낸다. 바로 경험에 따른 내공이 다져지고 의지가 충천하기 때문이다. 더불어 자기 결정권으로 확실하게 무장하고 문제의 해결점을 향해 매진하기 때문이다. 하지만 모든 사람들이 그렇진 못하다. 주변 환경과 외적 요인(타인에 의할 경우가 많다)에 그만 굴복하거나 타협하고 마는 것이다. 그렇게 되면 결론은 그야말로 뻔하다.

이와 관련하여 신우열 등은 「회복탄력성 검사지수의 개발 및 타당성 검증」이라는 논문에서 '회복탄력성'에 대한 실질적 효과를 분석하였다. 실험 집단은 중학생 618명, 고등학생 796명, 대학생 420명을 대상으로 하였다. 그들은 회복탄력성(resilience)이란 학문적으로는 '정신적 저항력'을 의미하며, '곤란에 직면했을 때 이를 극복하고 환경에 적응하여 정신적으로 성장하는 능력 (Anthony 등, 1987)'으로 재확인하였다.

분석 결과로서, 회복탄력성은 기존의 연구에 따른 하나의 특성이 아닌 통제성, 긍정성, 사회성의 다면적 성향으로 구성됨을 발견하였다. 또한 그 검사도구 개발을 통하여 일선 교육 및 상담 현장에서 개인의 행동을 이해하고 진단 및 상담하는 데 활용 가능함을 보고하였다.

이와 같은 회복탄력성의 효과는 소년기 및 청년기에만 해당하지 않는다. 물론 어려서부터 정신적 능력을 함양하게 되면 그들의 인생 항로에 충분히 도움이 될 것임은 틀림이 없다. 하지만 기성세대를 포함한 노후를 앞둔 세대 역시 '회복탄력성'의 중요성을 아무리 강조해도 지나치지 않을 것이다. 왜냐하면 퇴직을 포함한 직업 일선에서 도외시된 채 자칫 무력감과 허무함의 수렁으로 빠져드는 우(愚)를 범할 수도 있기 때문이다.

우리가 살아가는 삶의 과정은 기쁨과 즐거운 순간보다는 막중한 고난의 연속이라고 해도 무리는 아니다. 그럼에도 불구하고 우리는 잘 살아 내기 위해 몸부림쳐야 하는지도 모른다. 나 또한 어느덧 60대 중반을 넘어서고 있다. 인생의 하향 곡선을 타며 이제라도 삶의 의미를 되찾으려는 자신의 모습이 생경스럽기도 하다.

이제 우리는 과거의 아쉬운 것들을 되돌아보면서 우리의 삶과 노후 생을 보다 의미 있게 살아야 하지 않을까? 이를테면 과거에 대한 청산이자, 미래를 향한 새로운 마음가짐이다. 누구나 완전하고 완벽한 삶을 살아온 사람은 없다. 얼룩지고 상처 난 심신을 현재 여기까지 이끌고 온 장본인들이다. 그러기에 사람마다 수많은 사연과 곡절들이 우리의 마음속에 알알이 박혀 있을지도 모른다. 하지만 이제는 자신을 위해서, 가족과 사회를 위해서라도 훌훌 털어 내고 새로운 지평을 향해 우리는 힘차게 날아가야만 할 시점인 것이다.

이를 위해서는 최우선적으로 우리 자신의 존재감을 회복해야 한다. 즉, 삶의 목표의식을 지니고 진정한 자신만의 삶의 의미를 찾아야 한다는 것이다. 우리는 대부분 '삶의 의미'는 매우 철학적이고 형이상학적인 화두로 치부하는 경향이 있다. 그러나 나는 '삶의 의미'를 그렇게 어려운 개념으로 해석하고 싶진 않다. 바로 우리 자신이 자존감을 갖고 삶의 목표를 지향하면서 실천하는 것이면 충분하다고 생각한다. 삶의 목표 또한 어렵게 생각할 수 있겠으나, 생각하기 나름 아닐까? 과거 우리 부모들의 삶의 목표는 자식들의 건강과 성공(여러 형태의 다양한 성공이 있겠지만)이었다. 그들의 인생을 송두리째 내건 희생이었던 것이다.

하지만 요즘은 어떤가? 가족 모두가 공생하고 공동체 사회와 협력해야만 살 수 있는 시대이다. 바로 우리 자신의 삶이 건전하고 행복해야 가족과 사회가 행복해지는 지구촌에 살고 있는 것이다. 나는 개인의 행복은 삶의 목표에서 발원한다고 믿는다. 그 목표는 대의명분을 가질 수도 있고 사소한 개인적 소망일 수도 있다. 다만, 그것이 우리가 살고 있는 공동체 사회에서 상호 협력과 더불어 공존할 수 있는 길이라면 더욱 바람직할 것이다. 고위직에 군림하자는 것도 아니며, 많은 부를 축적하자는 의미 또한 아니다. 우리 자신이 만족할 수 있고 남에게 도움과 기쁨을 줄 수 있는 일이라면 족하다고 나는 믿는다.

결국 똑같은 일—비록 사소한 일일지라도—을 하더라도 우리의 생각과 마음가짐이 무엇을 향해 실천하는가가 핵심인 것이다. 요즘에는 직업의 귀천 또한 구시대의 잔유물이 된 지 오래다. 또한 자신의 현직과 현업을 천직으로 여기면서 성공 가도를 걷는 사람들이 부지기수다. 그들이 지닌 공통점은 자존감을 지닌 채 삶의 목표를 지향하고 꾸준히 노력하는 지구력을 근간으로 삼고 있는 점이다. 이제부터라도 자신을 들여다보고 자존감을 회복하자. 이 길이 우리 자신이 살아가는 이유이자, 우리의 삶을 행복한 날로 인도하는 지름길이 될 것으로 믿는다. 이게 우리 인생의 성공이 아니겠는가!

전 세계적으로 알려진 '경영의 신'인 이나모리 가즈오는 그의 저서『어떻게 살아야 하는가』에서 '인생의 방정식'을 다음과 같이 정의하였다.

"우선 첫째로 꼽고 싶은 요소는 '인생의 방정식'이다. 프롤로그에서 소개한, '인생과 일의 결과는 사고방식, 열의, 능력의 곱으로 이루어진다'는 법칙이다. 나는 앞에서도 여기서 가장 중요한 요소는 '사고방식'이라고 말했다. 거듭 강조하지만, 이 인생의 방정식은 범인(凡人)의 능력밖에 갖추지 못한 내가 어떻게 하면 남들보다 많은 일을 해내고 또 세상과 인류를 위해 공헌할 수 있을지를 깊이 생각한 결과 찾아낸 등식이다. 이 방정식은 그 후 내가 실제로 일을 하고 인생을 살아오는 동안 항상 살아가는 방식의 토대가 되어 주었다.(중략)

여기에 '사고방식' 점수를 곱해야 하는데, 이것이 가장 중요한 이유는 '방향성'이 있기 때문이다. 플러스, 즉 긍정적인 방향으로 자신이 가진 열의와 능력을 발휘하는 사람이 있는가 하면 그것을 마이너스, 즉 부정적인 방향으로 사용하는 사람도 있다. 열의와 능력 점수가 아무리 높아도 사고방식이 마이너스이면 곱셈의 답, 즉 인생과 일의 결과도 마이너스가 되고 만다."

결국 이나모리 가즈오가 주장한 우리 인생의 방향성에 대해 독자 여러분들도 동감하리라 믿는다. 어려서부터 우리가 은사 님들로부터 숱하게 들어온 말, "좋은 머리를 좋은 곳에 써야 한 다."는 명귀와 일치하는 것이다. 우리의 노후에는 어떤가? 더욱 그렇지 않은가!

우리는 이제 노후 삶의 방향성을 잘 잡는 것, 그리고 자신감을 지닌 채 항해를 떠나자는 것이다. 그렇게 함으로써 우리는 과거 의 후회와 죄책감으로부터 해방될 수 있다. 새로운 마음의 우물 을 길을 수 있음이다. 맑은 우물은 우리 자신을 정화하고 미래 를 향한 용기와 에너지를 부여할 것이다. 지금도 하루하루를 삶 의 목표 없이 '그냥 그렇게' 시계 바늘을 따라 걷고 있는가? 남의 시선을 의식하면서 남의 척도와 평판에 귀 기울이는가? 아니다! 그들도 알고 보면 똑같은 우리이다.

이제는 살아가면서 아쉽지 않도록 한 발짝 한 발짝 나의 생을 위해 자신 있게 발을 내딛자! 답은 우리 자신에게 있다.

일주일 중 '자신의 날'을 정하자

앞 절에서 언급한 바와 같이 우리는 대부분 자신의 존재감을 망각하고 살 때가 많다. 더구나 출퇴근을 반복하는 직장인인 경우에는 더욱 그렇다. 게다가 맞벌이가 일반화되는 현실에서는 더 말할 나위도 없다. 어느덧 자녀들은 성장하고 머지않아 우리 역시 퇴직을 맞이하게 될 것이다. 그동안 자신만의 시간을 할애하여 뭔가에 몰두했다면 천만다행인 셈이다. 하지만 우리는 애석하게도 대부분 그렇질 못하였다. 삶과 생활이라는 짐 때문이다.

비라도 촉촉이 내리는 날이면, "내가 지금 뭐 하고 있지?" 아니면 "나는 무엇을 위해 살고 있는가?"라고 자문하기도 한다. 쉽지 않은 직장 생활과 자녀들의 양육에다 노부모의 봉양까지 추가되면 어깨는 천근만근 축 처지고 만다. 심신은 항상 피곤하고 의욕 또한 없다. 사는 게 재미도 없다. 얼굴에 웃음을 띤 지도 기억이 가물가물하다. 회색 도시의 숲에서 쫓겨 사는 인간 야생마가 된 듯하다.

바로 40·50대 직장인들의 위기 촉발 시점이다. 오로지 공짜로 부려 먹은(?) 육신에 이제는 신경을 쓸 데드라인(Deadline)에 도달함이다. 특별한 묘책은 없다고 본다. 다만, 자신을 둘러싸고 있는 가정과 직장 일만큼이라도 한동안 뇌리에서 도려내는 작업이 필요하다. 물론, 물리적으로나 정신적으로 어려운 일일 수 있다. 하지만 의도적으로 감행할 필요가 있으며 그렇게 해야 할 시점에 봉착했음을 강조한다. 왜냐하면 더 큰 화근을 불러올 수 있기 때문이다. 몸에 적신호가 닥칠 수 있음이니.

이를 해결하는 방법은 생각 외로 간단하다(이미 실천하고 있는 독자들도 있겠지만, 재차 강조한다). 결론은 진정 자신만의 시간을 갖는 것이다. 술과 친구가 자신의 인생 모두를 해결해 줄 순 없다. 우리 스스로 찾아 나서야 한다. 이러한 관점에서 나는 일주일 중 '자신의 날'을 정하자고 제안한다(부득한 경우 한 달에 하루라도).

자신을 바라보고 찾을 수 있는 시간을 만들자는 취지이다. 반드시 하루가 아니더라도 요일을 정하거나 몇 시간만이라도 자신에게 몰두하는 시간이다. 미리 배우자에게 귀띔이라도 해 주면 그는 충분히 동조할 것으로 믿는다. 만약 배우자와 함께할 의사가 있다면 그 시간은 금상첨화가 될 수 있다. 결정은 각자의 몫이다.

그렇다면 할애한 시간을 어떤 방식으로 활용하는 것이 좋을까? 자신이 몰두할 수 있는 것이면 다 좋을 것으로 믿는다. 그게 취미생활이든 운동이든, 나를 진정 만날 수 있으면 좋다(경우에 따라선 신뢰가 가는 절친과의 동행도 좋을 수 있다). 나의 경우는 20대부터 '홀로 산행'을 즐겼던 덕택에 혼자만의 시간을 많이 갖게 되었다. 산과 더불어 자신을 찾아 나선 여행이자, 어쩌면 고행이었는지도 모른다. 흠뻑 흘린 땀은 머릿속을 개운하게 정화시켰으며 '왜 내가 여기 있는가?'를 어렴풋하게 인식시켰었다. 며칠간의 산행을 마치고 하산 길에선 가벼운 심신으로 스스로 터득한 해결책(?)을 품고 내려오곤 했었다.

현재는 퇴직 후 국궁을 배우면서 '또 다른 나'를 매일 만나게 된다. 시위를 떠난 화살은 마치 우리 인생사와 같다. 심혈을 기울여 쏘아 올렸건만 '불발'이 되면, "누가 쐈는가? 내가 쏜 화살이다." 내 탓인 것이다(엄격히 말해서 자신의 자세 불량이자, 정신 집중이 부실한 탓이다). 후회해 본들 화살은 시위를 떠났으며 다음을 기대할 수밖에 없다. 우리는 살면서 이와 같은 유사한 경험을 숱하게 하지 않았던가? 남의 탓보다는 문제의 발단은 자신에서 비롯되는 경우도 많다는 뜻이다.

자! 이제 독자 여러분들은 충분히 나의 의도를 이해했을 것으로 믿는다. 나를 찾아가는 과정은 생각 외로 쉽다는 사실을. 반드시 비행기를 타고 돈 들여서 멀리 여행을 떠나지 않아도 된다는 사실을 말이다. 주변의 산책길, 동네 카페나 마을 도서관 등 좋은 장소는 부지기수다.

또 한 가지! 자신을 만나러 가는 그날은 외모에도 좀 신경 쓰자. 간편한 옷차림이지만, 외출 전에 거울을 대면하고 자신을 먼저 응대하는 것이다. 진정한 자신을 만나 선을 보는 데 그 정도 예의는 갖춰야 하지 않을까? '또 다른' 내가 마음 설레며 나를 기다리고 있을 터이니.

삶을 주도하라, 누가 뭐래도 내 인생이야!

우리는 우리의 삶 자체를 주도하고 있는가? 한 번쯤 살아가면서—특히 퇴직 후 노후에는— 자문해 볼 일이다. 이 화두는 우리 노후 생(젊은 세대도 예외는 아니지만)에서 매우 중요한 의미를 갖는다고 나는 확신한다. 과연 누가 나 자신의 삶을 주도하지 못하게 하였는가? 부모인가? 자식들인가? 아니면 배우자였던가? 결론은 '아니다!'이다. 결국 우리 자신이 스스로 구축해 놓은 성(城)이자 고정관념이 아니었던가!

설령 부모를 비롯하여 주변인들이 아무리 우리에게 '그 무엇'을 강요하거나 권유했을지언정 우리 자신이 결정권을 행사하고 처신한 몫이었다. 또한 불의의 재난이나 사고를 당한 경우에도 모든 사람들이 스스로 생의 자폭탄(自爆彈)을 양산하지는 않는다. 고난과 역경을 극복하고 제2의 인생 승리자로서 축배를 드는 사람들도 많다는 뜻이다.

흔히들 '인생은 1막 1장의 연극'으로 비유하기도 한다. 돌이킬 수 없음을 너무도 잘 아는 터다. 그런데도 불구하고 우리는 항상 마음 졸이고 편할 날이 없다. 왜일까? 자신의 노후 걱정, 자식의 진로 결정, 직장에서의 갈등, 노부모의 노환 등등. 손에 꼽을 수없이 솟아오르는 걱정거리들이다. 그렇다고 모두가 간과할 일도 아니니 더욱 머리는 지끈지끈거리게 된다. 누가 옆에서 건들면 금방이라도 폭발할 태세인 것이다.

그러다 보면 이러지도 저러지도 못할 지경에 이르기도 한다. 맥이 풀리고 살아가는 의욕과 삶의 의미조차 퇴색하곤 한다. 누구나 겪는 사안이자 우리들의 과제이다. 걱정거리가 있다면, 답은 "걱정하지 말자!"이다. 왜냐하면 걱정해서 될 일이 아니기에. 티베트의 속담이 있다.

"걱정을 해서 걱정이 없다면, 걱정이 없겠네."

확실한 근거는 없지만 우리가 염려하는 걱정거리의 96%는 절대 일어나지 않거나 이미 발생했거나 우리가 해결할 수 없는 것이라고들 한다. 단지, 4%만이 확실한 사건으로 우리가 대처해야 한다는 점이 상당히 설득력이 있는 것이다. 걱정을 하게 되면 꼬리에 꼬리를 물고 늘어지는 못된 잡념의 시녀가 되는 것이다. 그럴 경우, 고개를 휘젓고 자리를 박차고 나가는 것이 묘약일 수 있다. 지금 당장 일어나지도 않은 일을 미리 노심초사 걱정한들 마음만 불안해지고 육신만 축나기 때문이다. 더욱 문제는 우유부단해지고 무기력해지는 지름길이기도 하다.

이제는 우리 주변의 걱정거리와 불안 요소를 퇴치하자. 그러기 위해서는 몸을 움직이자! 설령 잘못된들 그때 그때 부딪쳐 해결하면 된다는 배짱을 키움이다. 당장 방 청소를 하거나, 자신이 좋아하는 일에 몰두해 보자. 마음이 평온해지고 머리 또한 맑아질 것이다. 이성적인 자아를 만날 수 있음이다. 그게 어렵다면, 백지에 펜을 들고(컴퓨터 워드프로세스는 실질적 효과가 미진할 것임) 걱정거리를 나열해서 작성해 보자. 한 가지씩 걱정의 요인과 현 상황, 그리고 해결 방안 등을 진솔하게 써 내려가 보자. 아마도 분명코 걱정거리가 현 상황에서 쓸데없는 잡념 덩어리였음을 자각하게 될 것이다. 결국 부질없는 걱정으로 시간만 소진했음을 깨닫게 되는 것이다. 나아가 명석한 통찰력과 판단력을 지닌 자신의 존재감도 확인할 수 있다. 걱정도 습관이 됨을 잊지 말자.

결과적으로 우리의 삶을 주도하는 데 주요 축인 자신의 존재감을 항상 유지하도록 노력하자. 자신의 존재감은 자존감과 일맥상통하는 개념이자, 거의 동일한 의미로 간주해도 무리는 없다고 본다. '나'라는 존재는 누구하고도 바꿀 수 없고 대체할 수도 없는 '나'만의 삶의 의미이자, 존중받아야 할 주체인 것이다.

살다 보면 자신도 모르게 자신의 '삶'에 대한 주인의식을 느끼지 못하는 경우도 더러 있다. 부모와 자식 관계를 비롯하여 부부 관계와 직장 상하 관계 등. 모든 인간관계가 그렇듯 혈연과 사랑, 그리고 공동 이익 추구 등을 위한 천륜(天倫)과 인연의 연속이다. 하지만 아무도 우리 각자의 삶에 대해 좌지우지해서도, 그 영향력을 행사해서도 안 된다. 우리 자신 이외에 어느 누구도 우리 삶의 여정에서 조력자로서만 충분하다. 왜냐하면 우리 삶의 주체는 바로 '우리 자신'이기 때문이다. 결국 진정한 자신의 존재감을 찾아 자신의 삶을 스스로 결정하자는 의미인 것이다.

이런 의미에서 우리는 우리의 삶을 주도해야 한다. 이 지구상에 동일한 삶은 없듯이 우리는 각자의 삶을 우리의 의지대로 물감을 풀고 섞어서 작품을 구현해야 함이다. 또한 각자의 특성화된 시나리오로 우리 자신만의 삶이 녹아든 연극 한 편을 제작하는 것이다. 알고 보면, 이 작업은 얼마나 대단한 일인가! 자신에 대한 존재감과 애착으로 응결된 작품! 이것은 반드시 많이 배우고 부를 축적했으며, 명예를 얻었다고 해서 명작이라고 우리는 평가하지 않는다. 그 사람의 인품이 배어 있고 삶에 대한 진정성과 겸허함이 충만하다면 더 이상 바랄 게 없다고 나는 생각한다.

다비드 구트만은 그의 저서 『나는 별일 없이 늙고 싶다』에서 노년기에는 정신이 유연해야 인생 의미를 찾아낼 기회를 잘 활용할 수 있다고 강조한다. 또한 프랭클이 제시한 인생 의미를 찾는 가장 기초적인 방법을 다음과 같이 소개한다. 아마도 삶에 지치거나 난관에 봉착하여 삶의 의욕을 잃은 사람들에게 분명 도움이 될 것으로 믿어 의심치 않는다.

"정신적 의미는 세 가지 가치영역을 통해 세계를 대하는 것을 뜻한다. 세 가치영역 덕분에 삶에서 의미를 찾을 수 있는 가능성이 열린다.

1. 체험 또는 체험으로 터득한 가치의 영역: 만남과 떠남. 사랑과 미움. 자연을 감상하고 자연미를 느끼고, 예술작품을 즐기고, 음악을 감상하는 등의 여러 감각 체험. 이 세계에서 자연스럽게 접하는 것을 수용할 때 느끼는 감정.

2. 창의력 또는 창조적 가치의 영역: 이 세계에 도움이 되는 활동 모두 포함한다. (중략) 창의력은 나이와 성별, 종교, 신체 조건에 따라 제한되어 나타나지 않는다. 오히려 창의력은 내면에서 나온다. 상상력과 영성, 영혼이 바로 창의력의 근원이다.

3. 태도 또는 인간관계의 영역: 질병과 사고, 테러, 죽음 때문에 어쩔 수 없이 당하는 고통을 대하는 방식이 태도와 상관이 있다. 자기 운명을 대하는 방식도 마찬가지다. 어떤 일이 일어났을 때, 올바르고 적절하게 행위하기 위해 취하는 태도가 특히 중요하다."(247-248쪽)

우리는 삶의 질곡 속에서 방황하거나 헤맬 수 있다. 아무런 희망도 보이지 않고 설상가상으로 난관의 연속일 수도 있다. 하지만, 결국 우리 자신의 삶이다. 남 또한 정도 차이지, 아무도 장담할 수 없는 것이 우리 인생사 아니던가! 이런 관점에서 구트만이 강조한 세 가치영역의 삶의 의미는 우리에게 바람직한 해결방안을 제시함에 틀림이 없다.

이제부터라도 우리의 삶을 주도하자! 그렇지 않으면 자신의 생을 부모와 친지 그리고 주변인의 탓으로 돌리는 비굴한 악령의 소굴로 빠져들 것이다. 다 털어 버리고 자신감으로 무장함이다. 자신을 믿고 떠나는 여정이기에 우리는 즐거울 것임이 틀림없다. 설혹, 외길로 빠져 잠시 곤혹을 치르더라도 그 경험 또한 우리 것이며 우리의 삶을 살찌우게 하리라! 누가 뭐래도 내 인생이다!

2장

유산의 재구성

부모님이 남긴 유산

I

나는 일 년 전 작고하신 부친을 떠올리면 생각나는 단어가 있다. '시(詩)'이다. 그의 인생 전부는 시(詩)였다. 어딜 가시든지 그의 손에는 작은 가방이 들려 있었다. 가방 안에는 만년필과 다양한 볼펜들이 가득 찼다. 한구석에는 흰 종이 뭉치가 가지런히 이를 하얗게 드러내고 있었다. 언제라도 그의 필체로 새로운 세상을 만난다는 기대를 가진 듯이.

지금 내가 생각해도 평생 단조로운(?) 생을 사신 분이셨다. 세상 물정은 어두우셨고 오직 시작(詩作)에만 전념하셨던 것이다. 나는 젊은 시절에는 부친에 대해 좀 답답하고 어쩌면 무능함(?)을 탓했는지도 모른다. 그야말로 내가 바라는 호탕하고 화끈한 부친상은 아니었기 때문이다.

　어린 시절, 부친이 출장이나 여행 후 귀가 시에는 항상 4남매
가 좋아하는 과자봉지나 특산물을 챙겨들고 오셨던 기억이 지
금도 새롭다. 그의 생은 오로지 가족과 시(詩) 외에는 아무것도
관심 없는 삶이었다고 해도 과언이 아니다. 아마도 그러기에 순
수한 시를 쓰셨지 않았나 생각한다. 나는 성장해 가면서 부친을
조금씩 이해하게 된 것 같다. 조부님이 그러하셨듯이(한학자로
임종 전날까지 개인 실록 일지인 '농은(農隱) 실록'을 쓰셨으며,
현재 기록물 사료로 인정받아 나주시 문화재 수장고에 보관 중
임), 부친 또한 세상을 등지기 1년 전까지 시작(詩作) 활동을 하
셨으니 말이다.
　부친의 장례를 마친 후, 유품 정리를 위해 여러 번 고향 생가
에 들렀었다. 부친의 서재에는 숨이 막힐 정도의 책들과 시집들
이 빼곡히 나열된 채 나를 대면하고 있었다. 책 한 권 한 권을
들출 때마다 부친의 체취와 숨결에 압도되어 더 이상 정리하기
가 어려웠다. 그럴 때마다,

　　"이 수많은 책들을 어떻게 처리하지? 그대로 보관하기도 어
　　렵고 그렇다고 모두 기증하기도 만만찮은 작업인데……"

를 되뇌며 서재에서 나오곤 했다. 당장 그 유품들을 처분하기에는 나는 시간이 좀 필요한 터였기 때문이다.

나의 모친은 지금은 홀로 요양원에 계시지만, 나의 성장기에 지대한(?) 역할을 하신 분이셨다. 엄격한 훈육과 채찍도 불사하셨다. 지금 생각해 보면, 부친이 교직과 시세계(詩世界)에만 몰두하신 것에 대한 반대급부로 자녀 교육과 가사 책임을 전담하셨던 것이다. 자식들에게—특히 장남인 나에게는— 엄격하고 무서운(?) 부친 역할까지 하셨으니. 나는 성장하면서 큰 사고를 치지는 않았지만, 잘못된 행동이나 거짓말을 할 경우 호된 꾸지람과 더불어 응분의 대가(?)를 치른 기억이 역력하다.

  "사내가 다른 건 다 용납되어도 비굴함과 거짓말은 안 된
  다. 절대 남 못할 짓 하지 마라!"

그러고 나선 반드시 잘못한 행위에 대한 나의 진솔한 자백(?)을 받게 하셨다. 모친이 정한 규율을 공표(?)하시곤 나의 잘못을 인정하도록 한 것이었다. 그 이후가 문제다. 반드시 회초리 맞는 횟수를 내가 정하도록 하신 것이다(아주 민주적인 방법이다). 저지른 행위에 대한 심각성과 윤리적 척도에 따라 종아리를 모질게 후려치셨다. 그의 표정은 매몰차리만큼 강직했으나

내심 몹시 속상한 표정을 지으셨던 것이다.

“잘못했으면 차라리 몇 대 때리시고 말 일이지, 왜 자백을 시키고 맞는 횟수까지 정하게 하셨을까?”

이를 이해하는 데는 한참 성장한 후에서야 인식하게 되었다. 다행히도 운이 좋은 날도 있었다. 부친이 공동 심판관으로 배석할 경우다. 예전보다 회초리 횟수가 늘어나면, 그는 항상 나에게 가세하셨다. “여보! 이제 그만해요. 충분히 반성하고 있으니⋯⋯.” 그때마다 부모의 입장이 뒤바뀐 부자지정(父子至情)을 느끼곤 했다.

지금 생각해 보건대, 모친께서는 자식의 잘못된 행동에 대해 스스로 판단하도록 유도하셨다. 회초리의 횟수 역시 잘못에 대한 경중을 스스로 가리라는 훈육 방식이었던 것이다. 그러고 나서 앞으로 나 자신의 개선 계획(?)을 꼭 받아 내곤 하셨다. 그다음 그는 나의 잘못된 행위로 인해 빚어질 상황과 사례를 추가로 설명하셨다. 평소에 그다지 잔정이 없는 모친이지만, 의도치 않은 실수로 인한 행동에는 무척 관대하셨다.

내가 군대를 전역하고 대학에 복학한 겨울 어느 날이었다. 모친은 나를 조용히 부르시더니 웃는 얼굴로 말씀하셨다.

"애야! 복학해서 겨울 양복이 한두 벌 더 필요할 테니, 주말에 서울 가면 어떠냐? 아버지 양복도 한 벌 더 살 겸……?"

"예? 저야 좋지요. 하지만 저는 필요 없어요. 아버지 것만 챙기세요."

"아니다. 이제 성인이 됐으니 외모도 중요하다. 가자!"

드디어 주말이 되어 모처럼 모자간에 즐거운 한양 길로 나섰다. 서울역에 도착하여 눈앞에 즐비한 빌딩 숲은 나를 압도하기에 충분하였다. 전철 1호선에 몸을 싣고 당시 유명 브랜드 매장들이 도열한 종로5가에서 하차하였다. 당시 유명세를 장악했던 S 패션 점포에서 부친 양복 한 벌과 내 양복 두 벌을 구입하였다. 눈썰미와 미적 감각이 뛰어나신 모친의 능력(?)에 나는 모두 만족하였다.

매장을 나온 후, 잠실에 계신 이모님 댁에서 1박을 하기로 한 일정이었다. 종로5가역에서 그곳을 가려면 신설동역에서 2호선으로 갈아타야 했다. 전철 탑승 후, 양손에는 모친의 여행가방과 양복 세 벌을 든 상황. 전철 안은 주말인지라 승객으로 가득 차 서울의 진면목을 보여 주었다. 짐이 무거워 부친의 양복 한 벌을 전철 상단 짐칸에 고이 모셨다.

신설동역이 다가오자, 안내 방송이 나왔다. 타방면으로 이동하는 승객에게 하차하여 갈아타라는 메시지였다. 당시 전철 갈아타기에 익숙지 않은 나는 그 소리가 뇌리에 박혔다. 모처럼 한양 길에 모친을 모시고 잠실 방향 전철을 노심초사 기다리다 탑승했다. 마침 빈자리가 생겨 모친을 앉혀 드렸다. 그런데 뭔가 휑한 기분은 뭘까? '아차! 아버지 양복을 챙기지 못했네!' 당시 모친은 눈치채지 못하신 것 같았다. '이를 어떡하나! 어떤 양복인데!' 순간 섬광처럼 지나가는 절박감은 이루 말할 수 없다.

"어머니! 죄송해요. 제가 아버지 양복을……"

모친은 자신의 가방과 내 양복을 두 손에 든 채 당황한 나를 쳐다보며, 안색도 변하지 않으셨다. 오히려 어쩔 줄 모르는 내 얼굴이 안쓰럽다는 듯이 말씀하셨다.

"애야! 염려 마라! 또 사면 되지."

순간 나는 울컥했지만,

"어머니! 어떤 양복인데요? 여기 계세요. 제가 다시 신설동 역사의 분실물 보관소로 가서 확인해 볼게요."
"가 보긴 해라만, 없을 것이다."

정신없이 인파를 헤치고 찾아간 그곳에는 역시나 부친의 양복은 없었다. 추운 겨울인데도 땀이 흠뻑 젖은 얼굴로 나타난 나를 보면서 모친은 손을 꼭 잡으며 말씀하셨다.

"내가 뭐랬냐? 잃어버린 양복은 또 사면 돼! 내 잘못도 있다. 가방을 내가 들었으면 그런 일이 없었을 거야."

"아휴, 정말! 어이가 없네요. 죄송해요. 제가 돈 벌어서 아버지 양복은 꼭 사 드릴게요."

"됐다! 훌훌 털고 이모 집에나 가자."

흔히 우리가 겪을 수 있는 추억담일 수 있다. 모친은 사소하거나 본의 아닌 실수에 대해서는 무척 관대하셨다. 그날따라 나의 양복 두 벌이 그렇게 무거울 줄은 몰랐다. 그 양복을 입을 때마다 '신설동역'이 주마등처럼 스쳤다. 지금도 그 역사를 지나칠 때면 젊은 시절의 웃픈 트라우마(?)로 마음에 자리 잡고 있는 것이다.

누구나 이와 같은, 아니 더 심각한 경험과 악재를 경험했을 것으로 믿는다. 하지만 모친을 떠올리면 그 상황이 간혹 마음에 와 닿는 것이다. 당시 나라면 그렇게 대처했을까? 얼굴을 붉히지 않고 평온하게 위로할 수 있었을까? 혹시, "정신을 어디 두고 다녀?"라고 반문하진 않았을까? 모를 일이다.

지금 60대 중반에 들어선 내가 문득 떠올린 부모님에 대한 잔상이자, 추억담이다. 알고 보면 너무도 평범하고 누구나 흔히 경험했을 만한 사연들인 것이다. 하지만 기나긴 세월이 지났으나 부모님이 나와 공유했던 사건들과 경험들 중에서 유독 오늘 불현듯 생각나는 이유는 무엇일까? 어려서부터 부모와의 공감대를 통해 '뭔가'를 상호 교류하고 일종의 '가풍(家風)'을 서로 이어 온 것은 아닐까 생각해 보는 것이다. 아마도 인간으로서 일생을 살아가는 데 지켜야 할 덕목을 전수시켜 주신 것으로 나는 믿는다.

Ⅱ

　우리는 과연 부모로부터 어떤 유산을 받기를 원하는 걸까? 널따란 부동산과 풍족한 금융자산 등을 원치 않은 사람은 없을 것이다. 살아가는 데 궁핍함보다 풍족함이 훨씬 편리하고 윤택할 수 있기에. 하지만 모든 사람들이 신기루처럼 원하는 자산 규모는 천차만별이며, 결국 우리 자신의 부속물이지 않은가? 혹자는 살기 팍팍하고 생계에 위협을 느끼지 못한 속 편한 경우라고 질타할지도 모른다(또한 돈에 한번 묻혀 살아 봤으면 좋겠다는 사람도 있을 수 있다).

　『눈 감으면 보이는 것들』의 저자인 신순규는 서울 태생으로 아홉 살에 시력을 완전히 잃었으나, 열다섯 살에 홀로 미국 유학을 떠났다. 갖은 고난을 극복하고 하버드대학(심리학 전공)과 MIT(조직학 박사과정)에서 학업을 수료한 후, 세계 최초로 시각 장애인으로서 '금융 분야의 최종 자격증(CFA, 공인재무분석사)'을 취득하였다. 그는 파란만장한 생을 극복한 성공 사례로서 부모의 유산에 대해 다음과 같이 말한다.

"모든 아이를 일류 대학에 보내는 것이 부모의 목적이 아니다. 아이들에게 불가능한 것을 추구할 자신감을 주고, 자기 생각을 잘 드러낼 표현력을 훈련하는 일이야말로 부모가 자식에게 줄 수 있는 소중한 선물이라고 나는 믿는다."

"내가 대드(미국에서의 養父)에게 이렇게 물었다. 세상에는 도움이 필요한 사람들이 많은데, 누구를 도와야 할지 어떻게 결정하느냐고. 대드는 이러한 답으로 내 머릿속에 영원히 남을 그림을 그려 주었다."

"셀 수 없을 정도로 많은 불가사리가 바닷가를 뒤덮고 있었다고 한다. 아마도 밀물에 잘못 밀려 들어왔던 모양이다. 두 사람이 그 바닷가를 따라 걷고 있었는데, 앞선 사람이 걸으면서 한두 개씩 불가사리를 주위 바다로 던지는 게 아닌가. 뒤에서 걷는 사람이 앞사람에게 물었다. 천 마리 만 마리도 넘는 불가사리 중 이렇게 몇 마리만 살리는 게 무슨 의미가 있느냐고. 그러자 앞사람은 이렇게 답했다. 바다로 돌아가는 이 몇 마리에게는 아주 큰 의미가 있지 않겠느냐고."

"대드와 이런 대화를 통해 (중략) 다른 이들을 힘껏 돕는 사람이 되는 것이 내 삶의 목표가 되었고, (중략) 나도 이런 마음의 유전자를 내 아이들에게 물려주는 훌륭한 아빠가 될 수 있다면 얼마나 좋을까?"

상기한 사례와 경험담은 우리가 흔히 놓칠 수 있는 유산의 중요성을 진솔하게 강조하고 있다. 고난의 연속이었던 저자의 삶에는 항상 주변인들의 도움으로 인해 성공할 수 있었다는 것을 겸손하게 반증하는 것이다. 결론적으로 나의 삶을 평생 지켜봐 주신 부모님이 남긴 유산을 나는 지금 재인식하고 독자들에게도 재고(再考)를 제안하는 것이다.

"우리는 진정 부모로부터 어떤 유산을 받기를 원하는가?"

앞에서 언급한 물질적 자산은 삶에서 매우 중요하다. 그러나 진정 현재의 우리 자신이 있게 한 '그 무엇'이 진정한 유산이 아닐까? 온전한 신체와 정신을 길러 주고 세상 풍파에도 거침없이 대처하도록 혼신을 다해 인생의 진수(眞髓)를 전수해 준 '그 무엇' 말이다.

그것은 앞서 언급한 부친의 시(詩)에 대한 열정과 끈기, 가족애와 더불어, 모친의 엄격한 훈육을 통한 바른 인성 함양 정신과 공사(公私)를 가리는 통찰력, 정직성과 남에 대한 배려 등일 것이다. 결국 나는 부모로부터 막대한 금융자산과도 바꿀 수 없는 소중한 유산을 받았다고 자부한다. 깊어 가는 가을밤에 우리는 '유산'의 의미를 다시 한번 되새겨 볼 필요가 있다.

요양원 모친이 주신 30만 원

코로나가 국내에 창궐한 지 벌써 3년이 지났지만, 모친이 가료 중인 요양원에는 아직도 봄이 오지 않고 있다. 요양원 내 코로나 감염자의 발생 등에 기인한 정부 방침에 따라 보호자의 대면 면회를 허용하지 않은 터이기 때문이다. 면회 날짜가 정해지면 며칠 전부터 아내는 모친의 반찬거리며, 기호 식품을 챙기는 데 고민거리가 된 지 오래다. 난 그저 너무 신경 쓰지 말라고 하건만 아내는 못내 마음에 걸리는 모양이다. 나 역시 안타깝기도 하다.

항상 모친을 뵈러 갈 때면 마음 저변에는 묵직한 추(錘)를 드리운 듯하다. 요양원의 규정에 따라 자가진단 등 소정의 절차를 마치고 모처럼 대면 면회를 하게 되었다. 약 3년 만이다. 모친의 답답함을 생각하면 '현대판 고려장'이라는 생각이 엄습하여 나 역시 죄책감에 빠져들기도 하였다.

면회실 입구에 들어서니, 애써 환한 모습을 지으신 모친이 기다리고 계셨다.

"정말 반갑다. 네들은 건강하냐? 애들은?"

"예, 어머니! 모두 잘 지냅니다. 정말 오랜만에 뵙게 됩니다. 불편한 점은 없으세요? 요양원 원장님과는 자주 통화를 합니다만"

"잘 지낸다. 애야! 항상 고맙게 생각한다. 네 은행 계좌번호 좀 알려 주라. 꼭 부탁한다(한 달 전부터 요양원 원장을 통해 계속 요청하셨음)"

"어머니! 뭐 하시게요?"

"내가 돈을 좀 보태려고 그러니, 꼭 적어 주렴"

"어머니! 그런 염려 마세요. 제가 어머니 돈을 어떻게 받아요? 계좌번호가 생각이 안 나요(순간 임기응변을 할 수밖에 없었다)"

"내가 마음이 불편해서 그런다. 제발 그러지 말고 성의로 받아 줘!"

"어머니! 제가 더 불편해요. 염려 마시고 편히 계세요."

"그럼, 별수 없구나!"

모친은 갑자기 바지춤을 애써 들추시더니 깊숙이 넣은 흰 봉투를 꺼내셨다. 이제 작심이라도 하신 듯 꼭 이것만은 받기를 바라는 간절한 눈빛이었다.

"얼마 안 되지만 보태라. 제발!"

"어휴! 어머니!"

"네가 받지 않으면 나 안 들어갈란다."

"……"

"여보! 아무래도 받아야 될 것 같아요. 저렇게 원하시니."

결국 모친의 성화에 못 이겨 돈 봉투를 받지 않을 수 없었다. 귀가 중 운전하는 동안 아내와 나는 서로 침묵으로 일관하였다. 뭐라고 표현할 엄두도 생각나지 않았다. 귀가하여 어머니의 손때가 묻은 봉투를 한참 바라보다가 못내 여미어 보았다. 5만 원권 신권 6장, 30만 원이었다.

"참! 이 기막힌 돈을…… 어떻게 준비하셨지?"

가슴이 절절하였다. 아니, 마음이 쓰라렸다는 표현이 더 적절하다. 면회 중 내내 애써 "잘 지내니 염려 마라." 하시며 "앞으로 절대 음식 준비해 오지 마라."를 신신당부하신 터였다. 옆에 앉은 아내 역시 고개를 숙였다.

나는 어쩌면 그나마 다행이라는 생각도 들었다. 살아 계시는 동안 모친은 끝까지 정신을 놓지 않고 붙잡는 의지를 보이셨다. 나는 "정말 대단하시다!"를 중얼거렸다. 그는 삶에 대한 '어떤 책임감'과 '자존감'을 우리에게 분명코 보여 주셨다. 또박또박 써 내려간 글씨체와 발음이 정확한 말씨 역시 그것을 증명하는 듯했다. 몸의 거동만 불편하셨지, 구순 중반에 이른 모친의 정신은 아직도 내 어린 시절에 회초리를 드셨던 모습을 보는 듯하였다.

나는 오늘도 모친으로부터 또 다른 유산을 받은 셈이다. 자식에 대한 절절한 사랑, 노년기의 존재감과 정신력이 바로 그것이다.

가족이 바라는 유산

I

우리는 지구상에 오직 하나뿐인 가족의 소중함을 누구보다도 잘 알고 있다. 하지만 실제로 각론(各論)에 들어가면 가족 대부분이 서로 당연한 존재로 인식하고 치부하는 경우가 다반사이다. 부모는 부모대로, 부부와 자녀들 간에도 마찬가지다.

우리가 평소에 서로가 느끼지 못했던 가족애는 돌발적인 사고나 악재에 직면했을 때 대체로 발로되는 듯하다. 순간 심장 박동 수가 오르면서 최악의 사태를 방불케 하는 오만 상상까지도 하게 되는 것이다. 그때서야 가족 간의 끈끈한 관심과 애정을 실감하며 서로 가족애를 경험하는 듯하다. 또한 부부지간이나 형제간에도 작은 오해와 갈등으로 인해 가정불화의 불씨를 만드는 경우도 허다하다. 심한 경우는 평생 가슴에 품고 그 불씨를 키워 자멸의 길로 추락하기도 한다. 참으로 가슴 아픈 일이 아닐 수 없다.

나는 우리 인생에 있어서 자기 성취를 비롯하여 원만한 사회생활을 도모하기 위한 최우선적 덕목으로 가족애를 꼽는다. 가족애로 무장된 가족과 개인은 기본적으로 모든 면에서 경쟁력과 잠재력을 가진다는 것을 의미한다. 이는 바로 부부지간의 상호 신뢰와 배려, 부자지간의 친화성과 신뢰, 형제간의 우애와 사랑으로 대변할 수 있다(부녀지간과 남매지간도 포함한다). 결국은 가족 구성원 모두가 행복해야 함이다. 부모의 권위주의적 발상과 태도는 구시대의 유물이 된 지 오래다. 핵가족화로 인한 자기중심적인 자녀들의 의식과 처신 또한 사회에서 대접 받지 못한다.

심리학자들은 인생에서 진정한 성공을 거두기 위해서는 지능지수(Intelligence Quotient)보다 감성지수(Emotional Quotient)가 높도록 교육시켜야 한다고 강조해 왔다. 이제는 너무도 잘 알려진 얘기다. 지능지수는 선천적인 인자이다. 하지만 감성지수는 유아기부터 부모와의 교감과 인성 교육을 통해서 습득될 수 있다고 한다.

감성지수는 미국 예일대학교와 뉴햄프셔대학교의 심리학 교수인 피터 셀로베이(Peter Salovey)와 존 메이어(John D. Mayer)가 이론화한 개념이다. 이는 "자신과 다른 사람의 감정을 이해하는 능력과 삶을 풍요롭게 하는 방향으로 감정을 통제할 줄 아는 능력"을 의미한다. 이와 관련하여 이시자는 그의 논문에서 "감성지수는 인간이 인간다운 삶을 영위함은 물론, 인간의 고도 인지 기능의 발현을 위해서 중요하다."고 보고하였다. 또한 유아기의 감성교육은 인간의 생의 초기에 형성되므로 가정에서의 부모 교육이 필요하다고 강조하였다.

또한 현대심리상담연구소는 감성지수를 개발하는 방법으로 다음과 같이 가르쳐야 한다고 강조하였다.

"감정은 자기 자신만이 통제할 수 있다. 그러므로 사람은 살아가면서 자기 마음을 조절할 수 있어야 한다. 사람에게는 하고 싶어도 하지 말아야 될 일이 있고, 하기 싫어도 해야 될 일이 있다. 이때는 스스로 감정을 조절할 수밖에 없다."

결과적으로 감성지수의 핵심은 '남을 이해하고 배려하는 감성 능력'이라 하겠다. 나만의 실리 추구와 성공이 아닌 남에게 베풂을 전제로 함께 공생하는 'Win-win 사고'를 기르는 과정인 것이다. 나의 의도는 어려서부터 감성을 기반으로 성장하지 않으면 가족애는 고사하고, 성인이 되어 사회 진출 이후에도 자기만의 아집과 편견 속에서 헤어나지 못한다는 사실을 강조하고자 함이다.

아직도 우리는 '우리'라는 연대의식이 무척 결핍되어 있다. 자기중심적이고 배타적인 '나'와 '나의 자식'만을 고집하며 '남'에 대한 이해와 배려 또한 부족한 것이다. 그런 사고방식과 편협한 (?) 교육을 받고 성장한 결과, 현재 우리가 직면하고 있는 현실은 어떤가? 정치계와 교육계 등 사회 전반에 먹구름만 만연되어 있는 것이 아닌가?

이는 미래의 바람직한 발전을 위한 하나의 과정이라고 하기엔 너무도 부당한 명분임에 틀림이 없다. 그러니 진정한 가족애는 퇴색하고 부(富)와 명예를 추종할 수밖에 없게 되는 것이다. 또한 부모의 유고로 인한 유산 상속 시 가족애는커녕 형제지간의 실익만 추구한 나머지 원수지간이 되는 경우도 적지 않다.

진정 우리 가족이 바라는 유산은 무엇인가? 부모가 평생 피땀 흘려 축적한 재산만을 바라는가? 아니면, 그들이 이룬 명예와 공적에 편승하여 성공하기를 원하는가? 물론, 부모의 재산과 더불어 명예까지 물려받는다면, 세칭 '금수저'로서 더할 나위 없이 풍족한 삶을 살아갈 수도 있을 것이다. 과연 그런 사람이 이 세상에 얼마나 될까? 그리고 그들은 자신의 유산이라고 자부할 수 있을까?

여기서 나는 '유산'에 대한 정의를 재확인하고자 한다. 유산은 조상과 부모로부터 상속받은 재물과 가치 있는 무형유산까지 포함한다. 만약 그 후손들이 유산을 물려받는다면 그것이 진정 그들 자신의 유산이 될 수 있는가? 나는 그렇지 않다고 생각한다. 정확히 말하면 부모의 재산을 소유권 이전받은 것이지 그들이 스스로 이룬 유산이 아니라는 점이다(혹자는 그런 유산이라도 있었으면 좋겠다고 할 것이다). 어쩌면, 아니 솔직히 표현하면 사실상 부모덕에 풍족한 부(富)를 누리는 것이니, 부모의 유지(遺志)를 받들어 사회에 도움이 되도록 함이 바람직할 것이다. 그러나 현실은 그렇지 않다. 오히려 그로 인해 형제지간에 우애는 깨지고 가족 문화의 극단적 실추를 초래한 경우도 많다.

그럼 우리는 어떻게 하면 가족이 바라는 유산을 받을 수 있을까? 그리고 그러한 유산을 창출할 수 있을까? 문제의 핵심을 나는 '물려받는 유산'이 아닌 '우리 스스로 이루는 유산'에 방점을 찍고 싶다. 부모가 일궈 놓은 성과물만을 그대로 받는 것이 아니라 가족 구성체가 함께 구축하는 과정을 말함이다.

이를 위해서는 가족 공동체는 앞서 언급한 감성지수(EQ)의 함양을 전제로 함이 필요하다. 어려서부터 부모의 역할 또한 중요하다. 이러한 유산은 쉽게 얻어지는 것이 아니며, 부모만으로, 자녀들만으로도 이뤄지는 것이 아니기 때문이다. 가족 공동체가 서로 배려하며 진정한 삶의 유산을 만드는 과정은 가족 모두에게 생의 행복을 추구하는 지름길이 될 것으로 믿는다.

그런데도 불구하고 우리는 대부분 그것이 왜 어려운 것일까? 그동안 생존 경쟁의 일변도에 익숙한 우리 사회상의 문제점이기도 하다. 또한 말로만 듣고 행동과 실천이 따르지 않은 '상대에 대한 배려 부족', 즉 감성지수의 결핍이 그 요인인 것이다. 가족인데도 불구하고 나만의 실익만을 챙기는 구성원이 있는 한 갈등이 심화됨은 물론, 물려받은 유산마저 유명무실한 허상이 될 뿐이다.

지금 한 번쯤 생각해 볼 일이다. 우리는 현실에 급급한 나머지 물질적 유산에만 눈이 어두워진 게 아닌지! 우리도 저세상으로 가고 나면 그것 또한 우리 것이 아닌 걸 알고 있다. 진정 우리의, 그리고 우리 가족의 유산은 무엇일까? 가족애를 바탕으로 한 화목과 행복, 그것이 가족 문화유산으로 충분하지 않을까?

Ⅱ

한 달 전쯤, 우연히 TV 프로그램을 본 적이 있다. 독자들도 시청한 내용이겠지만, 여기서 언급하지 않을 수 없다. 한국에 처음 온 뉴질랜드 가족 여행 이야기다. 볼수록 개인적으로 구미가 당기는 프로그램이었다. 뉴질랜드 출신 4형제 중 한 명(한국 체류 중인)이 부모와 형제들을 한국에 초대하여 가족 여행을 즐기는 내용이었다. 놀라운 건 국내에도 잘 알려지지 않은 명소들을 면밀하게 조사하여 가족들과 협의 끝에 모든 일정을 소화해 냈다.

여행 일정에 대한 가족 간의 협의 과정도 웃음과 더불어 상호 배려심이 가득했다(가족 각각의 취향을 인지하고 동의를 얻는 등). 당연히 여정 중 가족 모두 즐거운 비명과 더불어 행복감이 충만하였다. 통영에서의 루지경기(Luge: 무동력장치인 카트를 타고 트랙을 경주)는 그야말로 하이라이트. 웃고 즐기던 게임이 끝난 후, 서로를 껴안고 격려했으나 부모를 포함하여 우선순위는 가려졌다.

마침내 저녁 바비큐식당에서 일정을 마감하며 아버지는 히든

카드를 내비쳤다. 1등부터 꼴찌까지 의미를 부여하며, 본국에서 손수 준비한 소형 트로피 잔을 각각 선물로 안겨 주었다. 술을 담아 가족 간 축배의 잔을 들자는 의도였다. 여행 과정 중에 은은히 흐르는 가족 간의 돈독함. 부모와 형제들 간에 격의 없는 대화와 배려 등. 행복한 가족의 표상을 보는 듯 했다. 나는 그들 덕분에 행복감을 느꼈고 그것을 배웠다. 그들은 가족이 바라는 것을 모두 가졌고 그것을 오랜 기간 동안 실천해 온 결과로 나는 믿어 의심치 않는다. 바로 가족의 유산을 함께 창출해 가는 과정을 나는 목도한 것이다.

우리는 진정 '가족이 바라는 유산'을 위해 얼마나 배려하고 노력했는가? 부모 입장에서, 그리고 자식 입장에서 말이다. 혹, 부모로서 일방적인 강요나 권위는 내세우지 않았는가? 맏이라고 동생들로부터 항상 우선권을 쥐지는 않았는가? 가족이 진정 바라는 것을 성취하기 위해서는 부모만이, 그리고 형제자매만이 애쓴다고 이뤄질 수는 없을 것이다.

어려서부터 부모의 감성 교육은 자녀를 성숙한 성인으로 데뷔시키는 데 절대적으로 필요하다. 더불어 자녀들 역시 형제 자매 간의 배려와 우애를 배우고 실천함으로써 가족 공동체의 유산을 창조할 수 있을 것으로 믿는다. 이게 바로 가족 문화유산의 진수가 아니겠는가? 가족이 바라는 것이 있다면 먼저 가족 구성원 각자가 이해심과 배려로 상대의 마음을 읽고 다가갈 일이다. 가족이 바라는 유산은 진정 가족 스스로 만들어 가는 '행복 추구의 과정이자 끝'이기에 더욱 그렇다.

진정한 나의 유산은

나는 업무 수행차 떠난 해외 출장 기간 중 짬을 내어 유럽권의 박물관과 기념관을 들를 기회가 더러 있었다. 출장 업무로 인해 비록 사전 학습을 충분히 하진 못했지만, 가는 곳마다 거대한 규모와 어마어마한 전시물들에 나는 위압감을 느끼곤 하였다. '어쩌면 저렇게 방대하고 진귀한 보물급 유산들을 보유하고 있을까?' 하고 한동안 멍하게 바라보곤 했다. 하지만 알고 보면 수많은 갈등과 전쟁의 소용돌이 속에서 타국으로부터 획득한(보다 정확한 표현은 '약탈'일지도 모른다) 노획물로 여길 경우가 많다. 지구 역사 역시 전쟁의 역사임이 이를 반증하고 있다고 해도 과장은 아니기 때문이다.

그런데도 불구하고 각각의 박물관에 소장된 유명한 화가나 음악가 등의 흉상과 작품들은 대단했다. 첫째, 당시 작품의 원료가 되는 물감류를 비롯하여 재료 구입 등의 열악성에도 불구하고 현재까지 원 상태를 유지시키는 당시 작가들의 비법이 놀라웠다(사실, 지금도 그 비법을 명확하게 검증함은 어려운 듯하다). 둘째, 수백 년이 지난 세월 동안 국가 차원에서 엄청난 예산을 투입하여 이를 유지·관리해 왔다는 사실이다. 아마도 대부분 독자들도 이러한 사실에 동감하리라 믿는다. 결과적으로 그 작품들은 대체로 개인적인 성과물로서 국가 차원의 유산과 유물로 지정된 경우가 셀 수 없이 많다는 사실이다.

여기서 우리는 한 가지 주지해야 할 사실이 있다. 지구 역사 속에서 면면히 전해 오는 유명한 예술가들(여기서는 작가라기보다 예술가로 통칭하기로 함)의 작품성이다. 그것들은 당시에는 각자의 개인적인 유산이었을 것이다. 또한 그 작품들을 잉태하고 산출함에 있어서 순탄한 삶을 살아온 예술가들은 매우 드물다. 대부분 그들 삶의 질곡과 고난을 담보로 했다는 사실이다. 그들은 숭고한 열정과 각고의 역경을 담아냈기에 오늘도 박물관에는 전 세계 각국에서 관광객이 줄을 서고 있는지도 모른다.

이 시점에서 이제 우리는 우리 자신의 유산 문제를 거론하지 않을 수 없다. '유산' 하면 우리는 흔히 유복한 부모로부터 승계받을 '동산과 부동산(요즘에는 주식과 비트코인까지)'을 반사적으로 떠올리곤 한다. 무리는 아니다. 그만큼 세상살이가 쉽질 않기 때문에 그럴지도 모른다. 돈으로 인해 무시당하고 괄시하는 세태가 팽배한 사회이니 말이다. 그렇지만, 우리는 이러한 물질적 자산과 유산만으로는 행복하고 의미 있는 삶을 영위할 수 있다고 자신감 있게 나설 수도 없을 것이다.

이러한 관점에서 나는 '유산'의 개념을 이렇게 정의하고 싶다. "유산이란 자기 스스로 일구고 가꾼 밭과 그 수확물"이라고. 거기에 부모의 유산까지 부가된다면 더할 나위 없이 든든하고 삶이 풍족해질 수 있을 터이다. 하지만 우리 모두는 우리 뜻과 의지대로 세상만사를 좌지우지하지도 소유할 수도 없다는 사실 또한 잘 알고 있다.

그렇다면 우리의 진정한 유산은 무엇일까? 그리고 어떠한 유산을 후손에게 남길 것인가? 아마도 독자들은 나의 '정의'대로 대략 짐작했을 것으로 믿는다. 이걸 한 번 생각해 보자! 자손 대대로 예로부터 만석꾼 집안으로 부자인 가계가 있다고 치자. 아니면 부모의 부(富)로 인해 막대한 재산을 유산상속 받은 재벌 2세들도 있었고 지금도 있다. 그러나 대부분 그들의 후속 사례는 어떤가? 대부분 형제간의 화목과 우애는 쉽게 찾아볼 수 없는 경우가 허다하다(분명코 다 그렇다는 얘기는 아니다). 왜 그럴까? 여기서 나는 국내외 재벌에 대한 부정적 사고와 시각을 전제로 거론하지 않는다는 점을 분명히 밝히고자 한다.

과거 부모 세대를 비롯한 기성세대의 부자들은 '세상에 공짜는 없다'는 단순한 진리를 덕목으로 삼아 대부분 자수성가한 인물들이다. 앞서 언급한 외국 박물관에 전시된 예술가들의 열정과 극진한 노력의 대가와도 흡사하고 동일하기도 한 것이다. 결국 우리 자신이 피땀 흘려 스스로 일구고 만들지 않은 것은 진정 우리 자신의 유산이 되기 어렵다는 의미와도 상통할 것이다. 비록 부동산 등기부등본에 많은 땅이 명의이전 되었다 할지라도……

노후 생을 앞둔 우리! 한 번쯤 깊이 생각해 볼 화두로 믿어 의심치 않는다.

"진정한 나의 유산은, 무엇이며 어떻게 남길 것인가?"

3장

죽음에도 준비가

죽음은 삶의 깨우침이다

태어나서 일생을 마치고 죽는다는 사실은 지구상의 모든 동물에게 예외가 없다. 태어나고 죽는 것 역시 우리 자신의 의지로 되지 않는 것 또한 우리는 잘 알고 있다. 만약 인류가 죽지 않고 영생한다면 아마도 이 세상은 이대로 존속하기가 불가능했을 것이다. 알고 보면 우리 인생의 종착역인 죽음으로 인해 종교와 철학이 대두되고, 인간의 한계성 때문에 겸양지덕을 우리는 스스로 배웠을지도 모른다.

죽음은, 새로운 생명에게 명찰을 붙여 주고 난 후 이름만을 족적으로 남긴 채 흔적 없이 사라지는 것이다(적어도 육체적으로는 그렇다). 그래서 인생이 허무한지도 모른다. 하지만 죽음이 우리에게 삶의 의미를 부여하는 경우도 많다. 예를 들어 부모나 친지들이 운명을 달리할 때는 더욱 그렇다. 죽음이 바로 내 코 앞에 대면하고 있음을 실감하는 것이다. 평소에는 저 세상 저 멀리 남의 일로 치부했지만 말이다. 그러고 나선 죽음의 현실을 스스로 자각하곤 한다. 죽음은 매정하게도 현재의 우리와 물리적, 시간적으로 확실하게 분리해 놓는다는 사실을.

다비드 구트만은 그의 저서 『나는 별일 없이 늙고 싶다』에서 '죽음의 의미'에 대해 다음과 같이 설파한다.

> "중년이 되면 인생의 내리막길을 의미 있게 내려가는 것을 삶의 목표로 삼아야 한다. 출생이 의미 있는 사건이듯 죽음도 의미 있는 사건이어야 한다. 죽음을 의미 있게 만들려면 반드시 해야 할 일이 있다. 이 일을 하지 않은 사람은 어른으로서 사는 것이 싫어서 도망치는 젊은이와 같다.
> 『깊이에 이르는 길』에서 융은 노인이 반드시 기억해야 할 것이 있다고 강조하면서 이렇게 말한다.
> '마음이 한쪽으로 치우쳐 인생이 협소해지면, 노인은 새로운 경지에 이르지 못할 것이다.'"(344-345쪽)

우리는 통상적으로 죽음의 의미는 고사하고 죽음 자체의 사실에 충실한 나머지, 망자(亡者)의 생을 백지화(?)하는 데 대부분 익숙해 있는지도 모른다. 국가나 사회 발전에 지대한 공헌을 했거나 의미 있는 기부를 행한 사람들에 대해서는 동상이나 흉상을 구축해 왔다. 그들의 죽음을 통해 훌륭한 유지(遺志)와 행적을 기리고 후세에게 귀감이 되도록 하는 의도일 것이다. 하지만 대부분 일반인들의 죽음은 어떤가? 물론, 빈소에서나 제사를 지내면서 그들에 대한 애도와 행적을 추념(追念)하는 의식이 정례화된 것 또한 사실이다.

하지만 앞서 언급한 죽음의 의미를 삶의 일부로 체득하면서 삶의 의미를 되새기는 데는 익숙하지 않은 듯하다. 구트만이 강조했듯이 '죽음의 의미'를 우리의 생활에 접목시켜서 삶의 목표를 새로이 세워야 하지 않을까? 그것은 결국 나이 들수록 마음을 다잡고 강물의 흐름처럼 평온한 삶의 여유를 가져야 한다는 의미로 나는 해석한다.

불교계의 '생사일여(生死一如)'라는 말은 우리에게 매우 익숙하다. 말 그대로 삶과 죽음은 별개가 아니라는 불교의 생사관(生死觀)을 나타낸 말이다. 우리는 타인의 죽음을 직면하거나 목도했을 때 흔히들 인용하는 어구이기도 하다. 굳이 불교의 심오한 철학적 의미를 논하지 않고도 쉽게 사용하는 것이다. 하지만『불교대사전』의 의미로는 '삶과 죽음이 별개가 아니라 하여 삶을 가벼이 여기고 포기하여도 좋다는 뜻이 아니며, 모든 존재의 무상함을 직시하고 집착과 탐욕에서 벗어나 현재의 순간을 한층 충실하게 살아가라'는 뜻을 내포하고 있다.

이런 맥락에서, 동국대 교수인 정병조는 '생사일여'에 대해 다음과 같이 논평하였다.

"대체로 한국인들은 죽음의 문제에 대해서 깊이 성찰하지 않는 경향이 있다. '개똥밭에 굴러도 이승이 제일'이라는 표현은 단적으로 한국인들의 현세 중심적 사고(思考)를 나타낸다. 고전을 보아도 한국에는 내세를 그린 작품이 없다. 오직 현실에서의 영화(榮華), 끈질긴 생의 집착만이 보인다. 호스피스들의 호소는 한결같이 임종환자 스스로가 자신의 죽음을 인정하지 않는 점이라고 한다. '나에게는 기적이 일어난다. 나는 절대 죽지 않는다.'는 헛된 확신 속에 죽음을 맞이하는 것은 바람직하지 않다. 죽음 앞의 환자는 예외 없이 분노, 회한(悔恨), 체념, 용서의 단계를 겪기 마련이다. 또 스스로의 인생을 정리하는 것은 권리이자 의무이기도 하다. 나는 생사일여의 경지를 '달관'이라고 생각한다. (중략)

사는 문제에만 골몰할 것이 아니라 죽는 문제도 생각할 때이다. 그래서 생사일여의 미학이 내 삶을 관통하도록 노력해야 한다."

그 역시 죽음의 의미를 삶과 더불어 의미를 부여해야 함을 강조하고 있다. 이는 죽음을 통해 삶의 목표의식과 실천을 강조하는 것이다. 죽음은 항상 우리 주변에서 맴돌고 있다는 사실, 다만 우리가 무의식적으로 혹은 의식적으로 외면하고 있다는 사실이다.

나이가 들어 갈수록 우리는 죽음도 생활 속에서 진정 깨우쳐야 한다. 우리의 죽음이 의미 있으려면, 주변의 남의 죽음도 의미 있어야 한다는 의미와도 상통한다. 인간만사가 남의 일이 아니듯, 죽음 또한 우리의 몫이자 살아 있는 동안 최후의 과제인 것이다. 우리는 죽음이 삶의 종착역이라 여길지언정, 결국 삶의 깨우침이 되어야 한다고 믿기 때문이기도 하다. 삶은 죽음을 향해 깨우쳐 가는 과정인 동시에, 결국 죽음 또한 우리의 삶을 깨우치기에 더욱 그렇다.

죽음도 배워야 한다

죽음도 배워야 한다. 혹자는 당장 이 화두에 불끈하면서, "아니, 죽는데 무슨 배울 게 있냐?"고 항변할지도 모른다. 하지만 나는 죽음에도 배움이 존재해야 하고 배워야 한다고 믿는 바이다. 왜냐하면, 누구나 엄숙하고 의미 있는 자신의 죽음을 원하고 있기 때문이다. 더구나 죽고 나면 우리는 죽음을 배울 수 없는 상황이 되는 연유이기도 하다. 만약 우리가 죽은 후, 친지들과 주변인이 우리로 인해 죽음을 배웠다면 그나마 다행이 아니겠는가? 또한 미리 우리가 죽음을 배운다면 자신의 생에 대한 책임감과 임종의 대비까지 가족과 친지들에게 생의 교훈이 될 수도 있다.

2022년 10월 25일, 화요일이었다. 여느 날과 다름없이 오후 3시에 국궁장을 찾았다. 두세 시간 활을 내고 성당 레지오 모임에 참석할 예정이었다. 가을 하늘은 그야말로 청정무구 그 자체였다. 사대(射臺) 앞에 선 나는 숨을 고르고 푸른 잔디밭 너머 파란 하늘 아래에 위세 당당한 과녁을 향해 시위를 힘껏 당겼다.

    "왜 이러지?"

불발이다. 자세를 가다듬고(反求諸己한다고 한다) 다시 과녁을 향해 2시(矢)를 날렸다. 역시 불발이다. 이럴 경우가 허다하지만, 고수들도 이 정도면 멘붕이 오기 시작한다고 한다. 자신의 자세를 고쳐 봤지만 명중이 되지 않을 경우, 찾아오는 정신적 와해 현상인 것이다. 마지막 5시(矢) 역시 불발. 결국 불을 내고 말았다(5발 모두 명중하지 못함을 이름).

　잠시 휴식을 취한 후, 2순(旬) 습사(習射) 대열에 오르자마자, 휴대폰이 울려 퍼졌다(사대에서는 자리를 지켜야 하며 휴대폰을 소지하지 않음이 예의이자 관례임). 순간 예감이 좋질 않아 사대에 도열한 사우님들께 양해를 구하고 뛰어가 전화를 받았다.

　　"여보! 왜 그렇게 전화를 안 받아요? 아버님이 위독하시대
　　요. 빨리 요양원에 전화 드려요!"
　　"뭐요? 어휴, 화살을 주우러 간 사이에, 그만……. 알겠소."

　전화를 끊자마자, 요양원 측에서 전화가 왔다.

　　"○○○님 보호자 되시죠? 아버님이 갑자기 심근경색으
　　로……?"
　　"예? 아니 왜 갑자기……?"
　　"지금 119 구급대가 도착했어요. 연락드릴 겁니다. 바로."
　　"……?"

　청명한 하늘이 갑자기 시커먼 먹구름으로 돌변하는 듯했다. 숨 돌릴 틈도 없이 바로 119 구급대원이 신원을 밝히며 연락해 왔다.

"보호자님! 맞으시죠? 시간이 없는데 심폐소생술을 할까요? 아니면…… 바로 H 응급병원으로 호송해야 합니다."

"아니, 무슨 말씀이세요? 바로 하셔야죠! 제가 바로 출발합니다."

정신없이 차를 몰고 응급병원을 향했다. 퇴근 무렵 러시아워인 데다 왜 이럴 때는 차마저 더욱더 느리게 가는지. 응급실에 도착하자마자 눈앞이 캄캄해졌다. 심폐소생실 내에는 복잡한 의료장비들이 도열한 채, 중앙의 침대에 누운 부친에게 세 명의 의료진들이 교대로 소생술을 시도하고 있었다. 그들은 모두 온몸이 땀으로 흥건하였다. 잠시 후, 소생실내 정면에 안치된 심장박동기가 서서히 진폭을 보였다. 곧바로 응급 주치의가 나에게 다가왔다.

"골든타임을 놓친 것 같습니다. 병원에 도착했을 때 이미 심정지 상태였고요. 지금 세 번째 10분 간격으로 회생하셨어요."

"아! 그랬어요? 수고 많으십니다."

"지금 환자의 상태로 봐서 고령이신 데다 언제 또 심정지가 올지 모릅니다. 마음의 준비는 하셔야 할 것 같습니다. 다만, 또다시 정지가 오면 어떻게 할까요? 지금 상태로 봐선 소생술이 의미가 없다고 생각합니다만. 이 정도면 장기들의 손상이

심해서…….바로 결정해 주셔야 합니다.”

청천벽력 같은 의사의 진술이었다. 머릿속은 온통 시커먼 돌덩이로 가득 찬 느낌에 멍한 채, “아! 어떻게 해야 하지? 내가 부친의 임종을 결정해야 하다니…….”를 연신 중얼거렸다. 머리를 휘저으며 이성적인 생각을 찾으려 자신에게 묻고 또 물었다. 그야말로 참담함 그 자체였다. 바로 누님들과의 전화 통화로 협의를 하였으나 결국 그 결정은 내 몫이었다. 주치의가 또다시 나에게 다가왔다.

“어떻게 하시겠습니까?”

“……”

“지금 결정을 해 주셔야 합니다. 지금은 맥박이 뛰지만 언제

또 정지될지 모르니.”

주치의도 입장이 다급한 형국이었다.

“예, 소생술은 이번까지만 하는 걸로 하시지요.”

‘부친의 생사 문제를 내가 결정하게 되다니…….’를 연신 중얼거렸다. 불행 중 다행인지는 모르겠지만 부친의 맥박은 유지되

었고 내 말이 끝나자마자 곧바로 중환자 특실로 부친을 호송하게 되었다. 결국 나흘을 버티지 못하시고 유명을 달리하셨다.

> "이렇게 홀연히 가시는 건가! 이러시려고 일주일 전에 나를 그토록 찾으셨던가!"

죽음은 한 사람의 생을 이렇듯 매몰차게 몰아붙인다. 아무 의사표시도 못 하게 한 채, 친자인 나와도 영원히 인연이 끊어지는 순간이었다.

구트만의 '죽음에 대한 태도'를 언급하지 않을 수 없다. 왜냐하면 죽음을 배우려면 죽음에 대한 태도부터 우리는 배워야 하기 때문이다.

> "죽음을 대하는 태도에는 네 가지가 있다. 첫째는 스토아 철학자다운 태도로 또 다른 생을 꿈꾸지 않은 채 담담하게 죽음을 받아들인다. 지그문트 프로이트는 죽음을 혐오한 채, 죽을 때까지 과학자처럼 죽음을 관찰했다.
>
> 둘째, 죽음은 우리의 이해력을 넘어서는 것이다. 죽은 후에도 우리의 영혼은 계속 존재한다. 살아 있을 때 좋은 평판을 얻었다면, 영원히 살 수 있다(이 화두는 철학자들의 찬반양론이 지금도 분분하다).

셋째, 죽음을 만나서 반가운 친구처럼 대할 수 있다.

넷째는 삶의 끝을 의식하고 마음을 여는 방법이다. 우리는 죽음을 마주하면서 인생의 의미를 논의할 수 있다. 죽음을 대하는 태도는 삶의 정황과 자의식에 따라 바뀐다. 어릴 때 획득한 인생관이 방금 언급한 네 가지 태도가 자라난 뿌리다. 이 인생관은 평생 우리를 따라다닌다."(339~340쪽)

구트만이 설파한 죽음의 의미와 태도는 우리에게 시사하는 바가 크다. 죽음을 대하는 태도와 의미는 우리 각자의 삶의 철학이자 각자의 몫이다. 다시 말하면 죽음을 어떻게 생각하고 어떻게 대할지는 우리 각자가 결정할 문제라는 점이다. 다만, 우리의 삶에 있어서 죽음을 우리 의지대로 할 수 없다. 그렇기에 평소에 죽음에 대한 학습을 통해 의미를 되새겨 볼 필요가 있다는 것이다.

어느 날 우리는 가족과도 이별하게 될 것이며, 화창한 가을날을 다시 만날 수도 없게 될 것이다. 또한 우리가 종말을 고한다고 해도 여념 없이 지구는 돌 것이며, 살아남은 자들은 아무 일 없다는 듯이 살아가게 될 것이다. 그런데도 불구하고 우리는 죽음을 생과 더불어 깨우치며 살아가야 하는 운명임을 부정할 수 없다. 그게 바로 삶의 의미를 재해석하는 계기가 될 것이며, 죽음을 통하여 우리의 생이 완성되기 때문이다.

엄마, 우리는 언제 죽을지 몰라요

올해 3월 초, 나는 출근과 더불어 몸에 소름이 돋는 듯한 신선한 충격을 주는 신문 기사를 보게 되었다. 기사 제목은 "엄마, 우리는 언제 죽을지 몰라요"였다. 바로 튀르키예의 강진 현장을 향해 피해 복구 지원을 나갔던 김혜주 간호장교의 사연이었다. 그는 2020년 신종 코로나바이러스 사태가 절정일 때 대구로 파견됐던 국군대전병원 소속 현역대위였다. 그의 별명은 '콧등밴드'였다. 당시 방역마스크를 오래 쓰다 보니 콧등이 헐어 반창고를 붙이게 된 연유였다.

그는 튀르키예 재난 현장 업무를 마치고 복귀한 후, 동아일보와의 인터뷰에서 다음과 같이 당시의 절실한 심정을 토로했다.

"병원에서 짐을 싸서 바로 공항에 갔다. 카카오톡으로만 가족에게 알렸다. 이튿날 튀르키예 공항에 도착해 보니 '갑자기?', '진짜로?' 하는 메시지가 도착해 있더라. 가족이 말릴 시간도 없었다. 다만 항상 마음의 준비를 당부한다. '엄마, 우리는 전시를 준비하는 사람들이에요. 언제 전쟁이 일어날지 모르고, 언제 죽을지도 몰라요. 그렇더라도 너무 슬퍼하지 마세요.'라고 한다. 그래도 엄마는 TV에서 튀르키예 현장을 보며 9일 내내 우셨다고 한다."

젊은 나이에 더 좋은 직장을 택할 수도 있지 않았냐는 기자의
질문에 그는,

"20대 초반에는 저도 그랬다. 간호사 생활을 하는 11년 동
안 삶과 죽음, 그 경계의 순간을 많이 봤다. 그러면서 '언제 죽
음을 맞을지 모른다면, 앞으로 어떻게 살아가는 것이 맞을까'
스스로에게 묻게 됐고 '건강하게 움직일 때 의미 있는 일을 해
야겠다.'는 답에 이르렀다. 무기력에 빠지기보다는 따뜻한 집,
사랑하는 가족, 씻을 수 있는 샤워기의 물, 스위치를 누르면 켜
지는 전등 같은 사소한 것에 감사하며 매 순간 최선을 다해 살
아가야겠다고 다짐하곤 한다."

그의 인터뷰 내용은 우리에게 진정 감동을 주는 메시지이다.
바로 '생사의 기로'에서 헌신적으로 인간의 생명을 구하는 고귀
한 일을 수행해 왔기 때문이다. 우리는 과연 평상시 죽음에 대
해 어느 정도 의식하고 살고 있을까? 현실에 만족한 나머지 영
원히 살 수 있는 것처럼 처신하고 있진 않는가? 아니면 현실의
장벽에 부딪히면 그냥 주저앉아 신세타령하다가 죽음을 택하는
경우는 없는가?

나 역시 부모님의 노환을 본격적으로 겪기 이전에는 병원 의

료진과 119 구급대원들에 대해 진정한 감사를 느끼지 못했던 건 사실이다(지금에야 실토하지만). 막상 노부모님의 낙상과 노환으로 대학병원 응급실을 자주 접했던 당시를 회상하면, 지금도 어떻게 나 자신이 버텨 왔는지 고개가 저어진다. 당시 119 구급대원들의 신속한 응급조치와 호송 상황, 응급실 도착과 더불어 일사불란하게 움직이는 구급대원과 간호사를 포함한 의료진들의 초동 응급조치는 그야말로 경건함을 절감하게 하는 상황이었다. 응급환자의 생명을 구하기 위한 숭고한 정신과 지극한 인류애 그 자체를 체감한 순간이었다.

이제 우리는 죽음에 대해 보다 친숙하게 생각해야 한다. 사고 없이 하교해서 돌아온 자녀들과 퇴근길에 귀가한 배우자는 당연히 우리가 누려야 하는 생활사가 아니다. 평소 우리는 무사고로 인한 행운과 행복을 범사로 그냥 흘려보내고 있다. 그렇지만, 아니다. 진정 감사할 일이다. 요즘 세상은 교통사고를 비롯하여 얼마나 수많은 위험에 노출되고 있는가? 생사기로에서 밧줄 타기를 한다고 해도 과언이 아닌 험난한 지경이 되었다.

아무도 자신과 타인의 죽음을 예측할 수 없다. 그러기에 우리는 죽음에 대해 마음의 준비—김혜주 간호장교의 사례와 같진 않겠지만—를 해야 할 듯하다. 살아 있는 동안만이 우리가 죽음에 대해 대비할 수 있음이다. 갑작스런 죽음을 맞이한 후, 과거를 반추하며 오열하지 않고 적어도 후회하지 않도록 준비하자는 것이다(물론, 그러한 죽음에 슬프지 않을 순 없겠지만).

그 준비란 별것 아닐 것이다. 가족과 주변인에게 따뜻한 눈빛과 더불어 사랑을 주는 것, 그들을 신뢰하고 믿음을 주는 것, 이것만으로도 충분하지 않을까? 하지만 그 실천 방법은 눈을 바라보면서 말로 표현하는 것이 가장 좋을 듯하다. 게다가 손을 잡고 포옹까지 한다면 금상첨화겠지만. 지금 이 순간 역시 돌이킬 수 없듯이 죽음 또한 우리 곁을 바람처럼 순간 스쳐 지나가기에…….

전시와 응급 상황에 직면하지 않더라도 우리 역시 언제 죽을지 모르는 세상에 살고 있다는 사실만이라도 명심해 두자. 그런다면 자신의 삶에 대한 책임감과 세상에 대한 겸허함 또한 각성하게 되며, 바로 죽음을 배우는 단초(端初)가 될 것이기 때문이다.

죽음을 잘 맞이하려면: 간결한 유서를 엔딩 노트에 담자!

죽음이란 살아 있는 동안의 족적이 영원히 정지되는 순간이다. 남은 거라곤 흑백의 영정 사진과 이름뿐이다. 죽은 후, 저 먼발치서 살아 있는 자들을 향해 몸부림치듯 손을 흔들어 댈지도 모른다. 죽은 후 영혼의 존재 여부에 대해선 아직도 찬반 여부가 진지하게 논의되기도 한다.

결국 사후 세계는 우리가 여기서 논의할 바는 아니지만, 적어도 우리가 죽기 전에 미리 죽음을 맞이하는 자세와 마음가짐은 미리 준비해 두는 것이 좋다고 나는 믿는다. 왜냐하면, 우리는 모두 언제 죽음을 맞이하게 될지 아무도 모를뿐더러, 만약에 갑작스런 죽음에 대면하게 됐을 때 우리 자신을 포함하여 가족과 주변인들이 사후 처리에 직접 도움을 줄 수 있기 때문이다.

그렇다면, 우리는 죽음을 잘 맞이하려면 어떻게 해야 하는가? 먼저, 죽음을 생활의 일부로 받아들이고 인식하는 것이다. 이것이 죽음에 대한 기본적인 학습 태도라고 나는 생각한다. 바로 죽음을 배우는 것이다. 생각 외로 죽음은 항상 우리 근처에서 우리를 염탐하고 있는지도 모른다. 그러기에 우리는 가족과 친지를 비롯하여 주변인들의 죽음과 부고를 급작스럽게 접하게 되는 것이다.

죽음은 지병이 있을 경우를 제외하곤 사전 예고와 통보도 매몰차게 없다. 어쨌든 타인의 죽음을 직면한 순간, 모골이 송연해지고 정신이 몽롱해짐은 아무도 부인할 수 없다. 즉, 죽은 자에 대한 애도감과 더불어 자신의 존재도 어느 순간 죽음 앞에 무릎을 꿇을 수도 있다는 사실을 그때서야 실감하고 각성하게 된다.

　이렇듯 죽음은 우리와 친숙한 관계이기에 '우리의 죽음'을 잘 맞이할 준비가 필요함을 역설하는 이유이다. 그것은 대단한 것이 아니다(막상 닥치게 되면 대단한 일이지만). 우리가 자신의 죽음을 미리 예상할 수 없기에 평소에 자신을 돌아보고 죽기 전에 꼭 해야 할 '그 무엇'을 정리하자는 것이다. 사전 준비 작업을 강조함이다.

　바로 '엔딩 노트'이다. 죽기 전에 그러한 준비는 개인별로 다양할 수 있겠지만 나는 엔딩 노트의 작성을 권하고 싶다. 특별한 형식에 얽매일 필요는 없다. 죽음에 임박하거나 고령화가 되어서야 쓰게 된다면 심신의 부담이 될 수 있다. 이것 역시 가능하면 미리 써 두는 것이 좋다고 나는 강조한다. 40대면 어떻고, 50대면 어떤가? 자신의 죽음을 예견할 수 없지만 언젠가 죽는다는 대명제하에 진솔한 마음으로 적어 내려가는 것이 의미 있기 때문이다. 더불어 진정한 자신을 맞이하는 소중한 기회이기도 하다.

　엔딩 노트는 1980년대에 일본에서 시작된 이래 오랫동안 전 세계적으로 선풍적 인기를 얻은 적이 있었고 지금 역시 인구에 회자되고 있는 상황이다. 그 주요 내용은 자신의 삶을 돌아보며 자신이 원하는 것이나 하고 싶은 일들을 10가지 정도 적는 것이다. 그리고 하나씩 시도를 통해 성취해 나가는 방법이다. 이러한 작업은 우리 자신의 삶에 의미 있는 과정이 될 것이며 자신에게 성취감과 보람을 줄 수 있을 것으로 믿는다.

하지만, 내가 제안하는 엔딩 노트의 성격과 내용은 종전의 사례와는 조금 다르다. 그 주요 핵심은 자신의 족적을 포함한 개인 정보(금융자산과 부동산, 가입한 보험 등의 정보도 포함시키나, 가족과 신뢰가 없다면 제외해도 좋다)를 미리 기록하는 것이다(개인 정보의 보안성 문제를 염려할 수 있겠으나, 배우자에게 기밀 유지를 부탁할 필요가 있음). 더러는 "왜 나의 자산 정보를 배우자와 가족에게 미리 알려 줘야 하나?"라고 의아한 듯 반문할 수 있다. 그러나 잘 생각해 보라! 우리 자신이 예기치 않은 사고를 당하거나 유사시, 결국 가족들이 후속 조치를 취할 수밖에 없지 않는가! 평소에도 가족 간에 믿음이 필요한 이유이다.

이에 부가하여 진정 자신이 원하는 소망 사항과 봉사할 수 있는 사항들을 좀 더 구체적으로 작성하는 것이 좋을 듯하다. 여기에 간단한 유서 내용을 추가하면 금상첨화가 될 수 있다. 독자들의 편의를 위해 나의 생각을 담은 엔딩 노트의 예시를 첨부에 소개한다(첨부 3). 이번 기회에 바로 각자의 엔딩 노트를 작성해 보자. 자신을 돌아보는 좋은 기회가 될 것으로 믿어 의심치 않는다.

이 노트를 작성하게 되면 우선 자신의 마음이 정리됨과 동시에 세상을 바라보는 관점이 한 차원 달라질 수 있다. 이 작업은 생각 외로 우리의 현재 생활과 노후에도 마음의 여유를 주며 스스로 자긍심을 고취시키는 특효약이 될 수 있을 것이다. 더불어 노후의 무료함으로 시간과 시름하지 않게 될 장점도 덤이다. 노후에도 자신이 하고 싶고, 해야 할 일거리를 즐겁게 할 수 있다면 삶의 활력소는 배가될 것이다. 바로 노후 생의 목표를 재설정하여 성취감과 보람을 느끼는 행복한 나날이 되기 때문이다.

나 역시 노부모님의 노환으로 약 15년간의 고충을 겪은 경험을 앞서 토로한 바 있다. 당시 나는 부모님의 자산이나 퇴직금에 대해 정확히 알지 못한 상황이었다. 솔직히 부모님께 여쭤보기가 어려웠다(마치 부모의 재산을 확인하려는 의도로 비쳐질까 봐서). 문제의 심각성은 두 분의 거동이 어려워지면서 발생했다. 그분들은 자신의 노환으로 인한 병원비와 간병비를 자식인 내가 더 이상 지불하기를 끝까지 거부하셨다. 결국 당신들의 통장을 나에게 넘겨야겠다고 작심하신 터였다. 유사시에 출금을 용이하게 하도록 하신 처사였다.

하지만 금융기관에 분산 투자하신 부모님의 통장을 나에게 명의 이전하는 데는 생각 외로 까다로웠다(예상은 했지만). 바로 개인정보보호법에 따라 예금주 본인이 아니면 어떠한 금융거래도 할 수 없는 점이었다. 문제는 거동이 힘든 부모님이 은행에 입회해야만 하는 난제에 봉착하게 되었다. 그것도 여러 은행을 말이다. 그대로 놓아두면 부모님의 자산을 금융권에 사장시키는 결과를 초래할 것임에 틀림이 없었다. 한참을 고민하던 중 유일한 방법으로 은행 직원을 설득시켜서 부모님 면전에 거꾸로 입회시키는 방법으로 해결은 했지만(추가로 구비 서류도 만만치 않았다). 여러 은행을 찾아다니면서 그 일을 해내기가 지금도 아찔한 악몽과도 같았다.

엔딩 노트는 이러한 비상 상황 시에 배우자와 가족들에게 개인 정보를 사전에 제공하여 후속조치를 용이하게 할 수 있다. 더불어 적시에 실질적인 대안을 가족들이 강구할 수 있을 것이다. 가족 중 경제권을 주도한 부모나 친지가 갑작스런 사고나 지병을 당한 경우, 특히 죽음에 직면했을 때 가족이 당황하지 않고 순조롭게 대응할 수 있기 때문이다(사후 처리에 경황이 없지만 적어도 시간적 · 경제적인 측면만을 고려하더라도).

마지막으로 엔딩 노트의 내용을 평소에 가족들—적어도 배우자에게는—과 함께 공유하는 것이다. 그 의도는 가족 상호 간의 유대 강화에 바람직하다고 믿기 때문이다. 앞서 언급한 바 있지만, 각 항목별로 자신의 의도와 추진 내용을 간결하게 유서 형식으로 작성하면 유사시 가족들이 유지(遺志)를 받들고 그 뜻을 기리는 데 무척 도움이 될 것으로 믿는다. 더구나 이를 통하여 가족들이 우리 자신의 삶과 족적을 이해하고 배울 수 있는 계기가 될 수 있다.

나 역시 이 책을 쓰면서 엔딩 노트를 준비하고 있으며, 출간 기념으로 나의 엔딩 노트를 아내에게 전할 계획이다. 나이에 상관없이 지금부터라도 엔딩 노트를 작성해 보자! 우리 자신의 마음가짐과 삶의 목표의식이 다져질 것이다. 이를 통하여 가족애가 더욱 돈독해짐은 물론, 여태까지 살아온 우리 자신의 진정한 유산이 될 것으로 믿는다.

셜리 케이건은 『죽음이란 무엇인가』라는 저서에서 '죽음'에 대해 이렇게 마무리한다.

"죽음을 바라보면서 이를 거대한 미스터리, 너무 두려운 나머지 감히 마주할 수 없는 압도적이고 위협적인 대상으로 바라보는 태도는 바람직하지 않다. 결코 합리적인 태도라고 볼 수 없는 죽음에 대한 두려움을 나는 '부적절한' 반응이라고 생각한다. 한편으로는 너무 빨리 죽는다는 사실에 슬퍼하면서도, 다른 한편으로는 삶의 기회를 부여받은 게 얼마나 놀라운 행운인지 이해함으로써 우리는 인생의 균형을 잡을 수 있다.

（중략）

　정말로 중요한 건 이것이다. 우리는 죽는다. 때문에 잘 살아야 한다. 죽음을 제대로 인식한다면 인생을 어떻게 살아야 하는지에 대한 행복한 고민을 할 수 있다. 이제 이 책을 덮고 나거든 부디 삶과 죽음에 관한 다양한 사실들에 대해 여러분 스스로 생각해 보기 바란다. 나아가 두려움과 환상에서 벗어나 죽음과 직접 대면하기를 바란다. 그리고 또다시 사는 것이다.”

　나는 이제까지 ‘죽음’에 대한 준비의 일환으로 죽음에 대한 태도와 배움을 강조하였다. 과연 죽음이 우리 생—특히 노후 여정—에 어떤 의미가 있으며 우리가 어떻게 바라봐야 하는가 하는 점이다. 더불어 그렇다면 죽음을 우리는 어떻게 대처해야 하는가 또한 중대한 일이 아닐 수 없다. 우리는 현재까지 매사에 ‘유비무환(有備無患)’이라는 정설에 익숙한 채 살아온 게 사실이다. 그 때문에 덕도 본 경우가 많았으나, 비껴 나간 경우도 많았다. 돌발 변수의 출현이자, 그 역할로 인해서다.

　그런데도 불구하고 우리는 죽음 또한 대비하지 않을 수 없다. 왜냐하면 바로 ‘우리 자신’의 죽음이기 때문이다. 셜리 케이건이 설파했듯이, 죽음의 대면을 통하여 삶의 기회에 대한 감사와 행운을 체감할 수 있으며, 우리 생의 균형을 유지할 수 있다는 점은 누구도 부인할 수 없는 사실이다. 또한 죽음의 배움을 통하여 우리 생의 방향키를 전환할 수 있을지도 모른다.

결국 우리가 죽음을 잘 맞이하려면, 삶 속에서 죽음을 두려워하지 않고 응대하며 그 죽음 속에서 자신의 삶을 바라보고 자신만의 길을 찾아야 한다고 믿는 이유이다. 죽음을 진정 잘 맞이하시라!

[요약정리]

- 우리는 태어나면서부터 감사할 축복으로 이 세상을 만나게 되었음을 알아야 한다. 지금 살아 있다는 것만으로도 우리는 얼마나 다행이며 앞으로 행복할 수 있는 열쇠가 우리 손에 달려 있다는 사실을 간과해서는 안 될 일이다. 삶은 그 자체로 축복이기 때문이다.

- 노부모와 자식 간에만 공유할 수 있는 유일한 감정은 바로 지고지순(至高至純)한 '내리사랑'이다. 노부모님의 말씀 한마디 한마디에 깊은 생의 철학이 담겨 있으며, 마음속에 절절하게 각인되고 배우는 것이다.

- 노후를 앞둔 우리는 노후 삶의 방향성을 잘 잡는 것, 그리고 자신감을 지닌 채 항해를 떠나는 마음가짐이 매우 중요하다. 이제는 살아가면서 아쉽지 않도록 한 발짝 한 발짝 나의 생을 위해 자신 있게 발을 내딛자! 답은 우리 자신에게 있다.

- 일주일 중 '자신의 날'을 정하자. 이것은 나를 찾아가는 과정이자, 나만의 '힐링'을 위한 배려이다. '또 다른' 내가 마음 설레며 나를 기다리고 있을 터이니.

- 이제부터라도 우리의 삶을 주도하자! 다 털어 버리고 자신감으로 무장함이다. 자신을 믿고 떠나는 여정이기에 우리는 즐거울 것임이 틀림없다. 설혹, 외길로 빠져 잠시 곤혹을 치르더라도 그 경험 또한 우리 것이며 우리의 삶을 살찌우게 하리라!

- 우리는 진정 부모로부터 어떤 유산을 받기를 원하는가? 물질적 자산은 삶에서 매우 중요하다. 그러나 현재의 우리 자신이 있게 한 '그 무엇'이 진정한 유산이 아닐까? 온전한 신체와 정신을 길러 주고 세상 풍파에도 거침없이 대처하도록 혼신을 다해 인생의 진수(眞髓)를 전수해 준 '그 무엇' 말이다.

- 가족이 바라는 유산은 먼저 가족 구성원 각자가 이해심과 배려로 상대의 마음을 읽고 다가가야 얻을 수 있다. 그 유산은 진정 가족 스스로 만들어 가는 '행복 추구의 과정이자 끝'이기에 더욱 그렇다.

- 나는 "유산이란 자기 스스로 일구고 가꾼 밭과 그 수확물"이라고 정의하고 싶다. 우리의 진정한 유산을 남기기 위해 우리는 스스로 질문을 던져야 한다. "진정한 나의 유산은 무엇이며 어떻게 남길 것인가?" 하고.

- 나이가 들어 갈수록 우리는 죽음도 생활 속에서 진정 깨우쳐

야 한다. 우리의 죽음이 의미 있으려면, 주변의 남의 죽음도 의미 있어야 한다는 의미와도 상통한다. 삶은 죽음을 향해 깨우쳐 가는 과정인 동시에, 결국 죽음 또한 우리의 삶을 깨우치기에 더욱 그렇다.

- 죽음을 대하는 태도와 의미는 우리 각자의 삶의 철학이자 각자의 몫이다. 그렇기에 평소에 죽음에 대한 학습을 통해 의미를 되새겨 볼 필요가 있다. 그게 바로 삶의 의미를 재해석하는 계기가 될 것이며, 죽음을 통하여 우리의 생이 완성되기 때문이다.

- 아무도 자신과 타인의 죽음을 예측할 수 없다. 전시와 응급 상황에 직면하지 않더라도 우리 역시 언제 죽을지 모르는 세상에 살고 있다는 사실만이라도 명심해 두자. 그런다면 자신의 삶에 대한 책임감과 세상에 대한 겸허함 또한 각성하게 되며, 바로 죽음을 배우는 단초(端初)가 될 것이기 때문이다.

- 결국 우리가 죽음을 잘 맞이하려면, 삶 속에서 죽음을 두려워하지 않고 응대하며 그 죽음 속에서 자신의 삶을 바라보고 자신만의 길을 찾아야 한다고 믿는다. 이를 위해서는 미리 가족을 위해 '엔딩 노트와 유서'를 써 두자!

[엔딩노트(유서 포함)]

    자신을 탐구하여 희망사항을 기술하고 실천해 보자. 아래 내용은 저자의 입장에서 작성한 사례의 일부이며, 유연성 있게 수정하여 기술해도 좋다.

개인 정보 사항		
1. 금융 자산	개인별 의사 결정에 따름 (ID 및 비밀번호 등)	비고 (간략한 의도/ 사용처 등 기술)
은행명 (계좌 번호)		
보험사 생명보험		
실손보험 등		
2. 부동산		
지역 번지수		등기부등본 보관 위치

엔딩 노트 및 유서(예): 개인별 자유롭게 작성

우선순위(희망사항)	취지	개인적 의도 및 유서
1. 아내에게 쓰는 마지막 편지	감사와 가족애 지향	사후 처리 및 자산 분배 등
2. 가족 여행	유럽 한 달 살기	부부 동반, 자녀 부부 동반
3. 재능기부	악기 강습(3년?)	복지시설 등 공연 지원
4. 봉사활동	고아 복지시설	정기적 지원
5. 난민 구호지원	소액 월 지원	
6. 목공 작업	자신만의 공간 활동	성과물을 주변인에 선사
7. 천주교 성지 순례		믿음과 봉사 실천
8. 딸에게 바라는 것		편지 형식 (하고 싶은 것을 하고 살라!)
9. 아들에게 바라는 것		
10. 전국 국궁장 순회		심신 수양과 인생 소회(素懷)

이제 자신에게 물어야 할 때

어느 가을 화창한 날, K씨 노부부는 손자의 손을 잡고 유치원을 방문했다. 유치원의 그림 그리기 대회가 있는 날이었기 때문이다. 맞벌이를 하는 아들과 며느리는 동행을 할 수 없어서 그들이 자처한 셈이었다. 그들은 유아 때부터 손자를 돌봐 주는 등 보모 역할을 톡톡히 하였다. 힘든 육아 과정이었지만, 옹알이를 하거나 무릎에서 재롱을 피우는 모습은 하루의 피로를 가시게 하는 데 충분했었다. 세월이 흘러 어엿한 유치원생이 된 게 그들에게는 보람 있고 손자가 대견해 보이기도 했다. 새벽같이 손자의 입맛에 맞춰 김밥도 싸고 찬거리도 마련했다.

대회 날의 제목은 '가족'이었다. 원생들의 상상력을 발휘하여 자유자재로 그리는 야외 학습 겸 야유회였다. 손자의 주변을 맴돌다가 인근 주변을 산책했던 노부부는 점심시간이 되어 손자 곁으로 돌아왔다. 애써 손수 만든 점심거리를 풀어 놓고 손자에게 권하면서 말을 건넸다.

　　"애야! 그동안 그린 그림 좀 볼 수 있어?"
　　"예. 할머니! 잘 그리진 못했지만. 할아버지도 봐주세요!"
　　"……."

　잘못 그린 그림은 아닌데 노부부는 둘 다 멍하니 그림만 쳐다본 채 아무 말을 할 수 없었다. 그러곤 서로 얼굴을 잠시 마주보다 고개를 들지 못했다. 무슨 일일까? 순간 그들은 손자의 칭찬 요구가 긴박해짐을 파악하고 이구동성으로, "야! 우리 강아지, 그림 정말 잘 그렸네!" 하고 너스레를 떨었다. 이후 왠지 마음이 섭섭한 건 숨길 수 없었다. 손자가 김밥을 맛있게 먹는 게 다행이었지만, 두 사람은 김밥을 입에 넣은 채 맛을 느낄 수 없었다.

　사실인즉, 손자가 그린 그림 속엔 노부부의 모습은 보이지 않았다. 그림 속의 주인공은 며느리였고 아들마저도 모퉁이에 초췌한 모습으로 기거(?)하고 있었다. 이 일화는 핵가족화로 인한 우리 가정의 단면을 보여 주는 사례이다. 그토록 애지중지 키웠고 보상을 바라는 것 또한 아니었지만, 손자의 그림 속에 노부부는 엑스트라도 되지 못하는 게 현실인 것이다. 그렇다고 애를 나무랄 수도 없는 노릇이며, 노부부는 귀갓길에 서로를 위로할 수밖에 없었다.

   우리가 걸어가야 할 노후! 피할 수 없고 가지 않을 수 없는 길이자, 길고 먼 여정이다. 그렇다고 세태의 탓과 사회·제도에 대한 불만으로 해결될 수 있는 일 또한 아닌 것이다. 결국 '셀프 부양'의 시대가 온 것이다. 직장에 다니는 자식들 또한 머지않아 퇴직을 맞을 것이고 그들도 역시 우리와 같은 노후의 여정을 맞이하게 될 것임에 틀림없다.

   김도연 객원논설위원(태재미래전략연구원 이사장)은 현재 한국 사회의 인구 절벽으로 인한 은퇴자들의 거취에 대해 매우 우려를 표명하고 이에 대한 정부 차원의 대책 강화를 독려하고 있다.

   "우리나라는 현재 신생아 감소와 고령화가 급속도로 진행되는 만큼 생산과 소비의 핵심 연령층인 15세에서 54세까지의 인구비율이 급속히 떨어지는 것은 필연이다. 이러한 인구 절벽은 심각한 경제위기로 이어질 수밖에 없는데, 우리는 이 어려움을 어떻게 극복할 수 있을까?(중략)
   이러한 문제들을 해결할 수 있는 방안 중 하나는 베이비부머를 포함한 은퇴자들을 다시 생산 주체로 바꾸어 인생에서 두 번째 경제활동에 참여할 수 있도록 새로운 체제를 가꾸는 것이다. 이런 이모작 인생을 위한 새로운 사회체제 만들기에는 무엇보다도 대학들이 적극 나서야 한다. 그간의 대학은 젊은이들을 위한 교육기관이었으며, 졸업 후 직업인 30여 년의 사회생활을 위한 전형적인 일모작(一毛作) 인생을 위한 것이었다. 그러나 앞으로의 대학은 이모작 인생을 준비할 수 있도록 노장년층 교육에 나서야 한다. 이를 통해 60대 인력도 대다수가 사회에 참여해 경제 활동을 함으로써 개인적인 보람 있는 삶을 영위하고 결과적으로 국가의 부강을 도모하며 국민 모두의 행복지수를 높이는 길이다."

상기한 제안은 현재 우리에게 매우 고무적인 대책이 될 것이다. 적어도 가까운 미래에 해결된다면. 하지만 이 사안은 현재 평생교육을 맡고 있는 대학 당국과 정부 당국의 적극적인 지원과 상호 협의 없이는 달성될 수 없는 게 현실이다. 결과적으로 이러한 대책의 실현만이 국민 모두가 공생할 수 있는 방안임은 아무도 부인할 수 없다.

예전과 달리 시대와 세태는 이렇듯 급물살처럼 다가오며 우리 노후 세대—젊은 세대도 맞물려 마찬가지지만— 역시 그 물살과 파고를 슬기롭게 타고 넘어서야 할 것이다. 이와 더불어 대학 당국과 정부의 지원 정책 또한 시간과 예산의 배정 등 장기간의 시간이 소요될 것으로 전망된다. 그렇다고 우리는 두 손 놓고 쳐다보고만 있을 수는 없는 일 아닌가? 현재 우리의 삶이 제3연령기의 위기일 수 있다. 하지만 이를 계기로 우리 스스로가 좀 더 자신에게 충실할 수 있는 방안(본문에서 여러 번 강조했듯이)을 모색하고 실천할 수 있다면 우리의 노후와 여생은 보다 나은 미래를 약속할 것으로 나는 믿는다.

끝으로, 독자 여러분들의 건투를 빌며 다산 선생의 질문을 남기고자 한다. 조윤제는 그의 저서 『다산의 마지막 질문』에서 다산의 심오한 실천철학을 다음과 같이 강조한다.

"마지막으로 말을 안다는 것은 사람에 대한 통찰을 의미한다. 그 시작은 바로 자기 자신이다. 자신에게서 나오는 말과 글이 자신을 말해 주고 자신의 삶을 정해 준다는 것을 다산은 분명히 알았다. 「자찬묘지명」에서 다산은 이렇게 말했다.

'내 나이 예순, 돌아보니 한 갑자를 다시 만난 시간을 견뎠다. 나의 삶은 모두 그르침에 대한 뉘우침으로 보낸 세월이었다. 이제 지난날을 거두어 정리하고, 다시 시작하고자 한다. 이제부터 빈틈없이 나를 닦고 실천하고, 내 본분을 돌아보면서 내게 주어진 삶을 다시 나아가고자 한다.'

이처럼 다산은 『논어』의 가르침에 이끌려 '자신의 삶'을 살았다. 다산은 삶을 통찰하는 지혜와 자신을 바로잡는 힘을 얻기 위해, 아무리 험한 일을 겪어도 이겨 내고 소명을 이루기 위

해『논어』에 길을 묻곤 했다.(중략)

　이러한 가르침은 오늘을 사는 우리에게도 예외가 아니다. 다산은 묻는다. '삶을 바꿀 것인가, 아니면 계속 지금처럼 살 것인가?'"

　다산의 삶에 대한 질문은 우리에게 깊은 경각심을 깨우치게 한다. 우리의 삶, 특히 우리가 노후를 어떻게 보내야 하는지에 대한 명확한 지표를 제시하고 있다. 매우 단순하지만 강력한 계도 차원의 질문이다. 이제는 우리 자신에게 물어야 할 때이다.

　"계속 지금처럼 살 것인가? 아니면 삶을 바꿀 것인가?"

: 감사의 글 :

　내 인생의 첫 책인 『노후 맑음』을 출간한 이래 곧이어 이 책을 출간하게 되어 무척 다행스럽게 생각한다. 출간 후에도 독자를 포함하여 주변인들이 좀 더 행복하고 편안한 '노후 생활'이 될 수 있기를 바라는 터였다. 그 와중에 내 책을 접한 주변인들과 지인들의 진솔한 찬사를 받기도 하였다. 또한 어떤 이는 '죽음'에 대한 대비 측면에서 실질적인 준비와 대책 등이 추가되면 더 좋겠다는 의견도 제안하였다. 모두 감사할 일이다.

　그런 와중에 나는 부친의 임종을 현실로 맞이하게 되었다. 가족의 일원으로서 맨 처음 죽음을 대면하는 순간이었다. 일순간 나의 부친은 이 세상에서 마치 증발해 버린 것 같은 느낌이었다. 한때는 무척 나를 힘들게도 하셨고 인생의 애환(哀歡)을 거의 평생 동안 보여 주셨던 장본인이셨다. 그러나 이제는 영영 '죽음'이라는 또 다른 세계로 가신 것이다.

하지만 생전에 부친께서 내게 남겨 주신 교훈—노후 생의 의미와 삶에 대한 열정—은 이제 나의 마음속에 유산으로 남아 있다. 또한 부친으로 인해 죽음에 대한 실전 학습을 절절히 체험하게 되었다. 유명을 달리하신 부친께 진정 감사드리며 이 책을 영전에 바친다. 이와 더불어 한평생 자식들의 삶을 위해 온정을 바치셨고 지금도 맑은 정신력으로 정신적 지주가 되어 주신 모친께 머리 숙여 감사드린다.

첫 선을 본 이후 인생 40년 가까이 바쁜 직장 일에도 불구하고 한결같이 항상 곁에서 묵묵히 지켜봐 주고 말없이 챙겨 준 아내, 희경에게도 진정 감사함을 전하며, 내 생에 축복을 준 장본인이다. 사랑하는 딸, 유정과 믿음직한 건용에게도 부족한 아버지지만 잘 따라 주어서 고마움을 전하고 싶다.

노후 설계와 대책을 위한 총괄편인『노후 맑음』에 이어 실질적인 실용지침서로서의 후속편이 출간될 수 있도록 동기 부여와 배려를 해 주신 도서출판 책과나무의 양옥매 대표님께 감사드린다. 미흡한 나의 책을 면밀히 검토하고 심혈을 기울여 준 편집팀과 관계자분들께 감사드리고 싶다.

그 외에도 이 책을 출간하는 과정에서 책으로 만났던 국내외 노인학 전문가들과 심리학자, 철학자들, 그리고 현장에서 묵묵히 타인의 노후 생을 지원 중인 모든 분께 감사드린다. 또한 오늘에 이르기까지 내가 기억할 순 없으나 여러모로 도움을 주신 모든 분들께도 감사드린다. 인간은 사실 알고 보면 혼자서 할 수 있는 게 거의 없다는 사실 또한 실감하게 되었고, 저술 과정을 통해 재인식하게 되었다.

　마지막으로, 이 책을 저술하는 동안 진솔한 마음으로 나 자신을 만나게 됨을 무척 다행스럽고 개인적으로 축복받았다고 생각한다. 결국 노후는 돈과 명예와 지위만으로 해결될 수 없는 사안이며, 이제는 우리 모두가 관심을 갖고 자신을 돌봐야 할 중요한 시점임을 또다시 나는 힘주어 강조하고 싶다. 부족한 점이 많지만, 끝까지 나의 책을 선택하여 읽어 준 독자 여러분께 깊은 감사를 드리며, 그들 또한 분명코 이 시대의 현명한 어른이자, '노후 역전'의 주인공으로서 행복한 노후를 맞이하시길 거듭 기원드린다.

: 참고 문헌 :

제1부

- 다비드 구트만, 『나는 별일 없이 늙고 싶다』. 청아출판사, 2016.

- 레오짱, 이주아, 서민재, 최윤희, 최지희 외 1명, 『성공한 사람들의 세 가지 루틴』. 센시오, 2022.

- 고도원의 아침편지, '포트폴리오 커리어 시대', 2023. 8. 9.

- KBS NEWS, '시사기획 창': 코스닥 개미귀신2 – 무한 환생 CEO들, 2022. 6. 27.

- 나무위키, 명주잠자리(개미귀신)의 생태, 2023. 5.28.

제2부

- In–Sung Park, 'The improvement of Health for the Happy life of the older adults and Strength Training', Journal of the Korea Entertainment Industry Association, Vol. 11, No. 3, April 2017.

- Kyoung–Hwan Cho, 'A Plan for Activating Elderly Sports to Promote Health in the COVID–19 Era'. Journal of the Korea Entertainment Industry Associaton, Vol. 14, No. 7. 30–October 2020.

- 권세정 · 양승원, 「요가와 걷기운동이 노인 비만남성의 심혈관질환 위험인자, 노화지표, 스트레스 호르몬에 미치는 영향」, 한국사회체육학회지, 제61호. 2015.

- 홍상욱 · 박성희, 「노인건강 운동과 삶의 질」, 한국생활과학회 총회 및 동계학술대회, 2008.

- 나무위키, EQ(감정지수), 2023.

- 이시자, 「유아의 지적 발달에 있어 IQ아 EQ의 관계」, 미래유아교육학회지, Vo. 3, 1996.

- 현대심리상담연구소, 「아동교육: EQ와 IQ」 2007. 3.5.

제3부

- 제러미 애덤 스미스, 키라 뉴먼, 제이슨 마시, 대처 켈트너, 『감사의 재발견』. 현대지성, 2022.

- #미하엘 하우스켈러, 『왜 살아야 하는가』. 청림출판(주), 2022.

- 신우열 · 김민규 · 김주환, 「회복탄력성 거사 지수의 개발 및 타당도 검증, 한국청소년연구」, Vol. 20, No. 4, 2009.

- 《불교신문》, 정병조, 생사일여. 2005. 9.12.

제4부

- 마이크 드락, 수잔 윌리엄스, 롭 모리슨, 『노후의 재구성』. 유

노북스, 2023.

▪ 신순규,『눈 감으면 보이는 것들』. 판미동, 2022.

▪ 이나모리 가즈오,『어떻게 살아야 하는가』. 다산북스, 2022.

▪《동아일보》, '엄마, 우리는 언제 죽을지 몰라요'. 2023. 3. 6.

▪ 조윤제,『다산의 마지막 질문』. 청림출판, 2022.

▪《동아일보》, 김도연 칼럼: 대학, 새로운 평생교육에 적극 나
서야, 2023. 10. 4.